◎ 主 编　黄玉峰

◎ 副主编　田澍兴

◎ 编 著　陈志坚

新编中华文化基础教材

第十三册

中华书局

图书在版编目(CIP)数据

新编中华文化基础教材.第十三册/黄玉峰主编;田澍兴副主编;
陈志坚编著. —北京:中华书局,2017.8
ISBN 978-7-101-11761-5

Ⅰ.新…　Ⅱ.①黄…②田…③陈…　Ⅲ.中华文化–初中–教材
Ⅳ.G634.301

中国版本图书馆 CIP 数据核字(2016)第 087093 号

书	名	新编中华文化基础教材　第十三册
主	编	黄玉峰
副主编		田澍兴
编著者		陈志坚
责任编辑		祝安顺　熊瑞敏
装帧设计		王铭基　王　娟
插图绘制		刘耀杰
出版发行		中华书局
		(北京市丰台区太平桥西里 38 号　100073)
		http://www.zhbc.com.cn
		E-mail:zhbc@ zhbc.com.cn
印	刷	北京瑞古冠中印刷厂
版	次	2017 年 8 月北京第 1 版
		2017 年 8 月北京第 1 次印刷
规	格	开本/880×1230 毫米　1/16
		印张 8¼　字数 110 千字
印	数	1-5000 册
国际书号		ISBN 978-7-101-11761-5
定	价	22.80 元

编 写 说 明

一、《新编中华文化基础教材》是响应中共中央办公厅、国务院办公厅《关于实施中华优秀传统文化传承发展工程的意见》及教育部《完善中华优秀传统文化教育指导纲要》指导精神组织编写的中华优秀传统文化教材，一至九年级十八册，高中学段六册，共二十四册。

二、本教材以"立德树人"为教学宗旨，以分学段有序推进中华优秀传统文化教育为目标，注重培育和提高学生对中华优秀传统文化的亲切感和感受力，增强学生对中华优秀传统文化的理解力和理性认识，坚定文化自信。

三、本册教材供七年级上学期使用，内容以中国古典文学作品为主。传统文化是一种具有生命力的生活方式、思维模式和审美范式，而古典文学则是通向传统文化的重要途径。在编写过程中，我们遵循以下三个原则：

1.兼容并包的原则。教材广泛选择各种思想流派和各种体裁的文学作品，体现中华文化多元一体、和而不同的文化品格。

2.择善而从的原则。教材的选篇均为古典文学的经典篇目，是优秀传统文化中的精粹。

3.注重审美的原则。教材选择以古典文学作为通向传统文化的途径，希望学生在古典文学的审美体验和熏陶中习得并认同传统文化。

四、本册教材包含五个单元，每单元分为四个部分：

1.单元导读。此部分对单元主题作简要介绍和概览，使学习者明确单元学习内容；设置情境，引发疑问与兴趣，为学习作准备。

2.选文部分。此部分为单元学习的重心，包括原文与注释两部分。原文以权威版本为底本，注释方面遵循以通解为主、局部释义的原则，帮助学生理解。

3.文史知识。此部分聚焦本单元涉及的文史知识，展开较为详尽的介绍、阐发与拓展，让学生更系统地感知文史传统。

4.思考与练习。此部分为教材的练习系统，辅助学习者在单元学习过程中及学习完成后，对自己的学习情况进行检验，并明确进一步学习的任务。

五、本教材之编辑力求严谨，编写过程中广泛征求各界意见，期能以较完备之面貌呈现；然疏漏之处在所难免，敬祈学界先进不吝指教。

编者

2017年2月

目录

第一单元　唐诗的先声
——初唐诗坛

第三单元　古典诗歌的高峰
——盛唐诗坛（下）

第四单元　关心民间疾苦声
——新乐府运动

第五单元　街巷公府皆歌声
——词的流行与兴盛

第一单元

唐诗的先声
——初唐诗坛

单元导读

在中国，提起诗歌，人们就会想到唐朝；反过来，提及唐朝，人们必会想起诗歌。

历经数百年的风雨飘摇、山河破碎，中国终于重新迎来统一与安定。然而，唐朝之前几百年的中国文学并非一无所获，尤其在诗歌方面，经过古诗十九首、"建安风骨"的奠基，已经具备非常深厚的传统；阮籍、陶渊明、谢灵运、鲍照等具有标志性的诗人都为诗歌创作作出了各种努力和探索；南朝以来不断细密明朗的声律诗也正在发展之中——种种迹象表明，唐代将迎来一场诗歌的盛宴。

"阴阳深浅叶，晓夕重轻烟"，这两句颇有些趣味的诗就出自雄才大略的唐太宗，他不仅仅是一位战功卓著、勤于政事的君主，也是一位很注重风雅的诗人。他对书法极为痴迷，尤其倾心于"书圣"王羲之，苦心搜求，据说后世被称为天下第一行书的《兰亭序》就是他派人屡次求购不得，颇用了些不光彩的手段才弄到手的，甚至传言他去世后将真本带入了昭陵。

如果说君主的喜好终究有限，那么时代也给唐人提供了优越的条件：唐朝是中国古代相对自信而开放的时代，尤其在初唐、盛唐时期——政治开明，经济发达，重视文化，延续隋朝的科举考试中就有诗赋的内容，种种机缘催生了一大批诗人，他们用自己的方式为这个时代留下绚丽的影迹，使唐代成为中国古典诗歌的"黄金时代"。

初唐时期，诗歌还大量延续南北朝时期和隋朝的风格，这是历史发展的必然，因为朝代更迭虽然频繁，但其实历时并不长，不少诗人经过南北朝末期入隋再进入唐，因此，诗歌呈现出一种延续性。但变化和突破也包孕于这个过程之中，随着唐帝国的日益稳定、兴盛，后起之秀开始沿着前人的足迹继续开拓，使唐诗逐渐摆脱前朝的模式，发展出自己的风格。这一阶段，律诗的逐渐成熟对后世影响甚巨，成为唐诗中不可或缺、举足轻重的一部分，这是在形式方面的成就；以陈子昂为代表的一些诗人则在内容上对南朝诗风注重辞采而缺乏厚重内涵的问题提出批评，要求回归建安、正始文学的道路。另外，在乐府诗方面，初唐诗人也在继承前人的基础上继续探索，使乐府诗在唐代有了全新的发展。

尽管与成熟期或鼎盛期的作品相比，初唐时期的诗歌略显黯淡，但也许诗人们自己都没有意识到，他们正以自身的才华和勇气，为唐诗的锦绣之路定下最初的路标。

选文部分

1. 虞世南

蝉

在诗人的笔下，很多花鸟虫鱼都具有了人的情感，在咏物之中，蕴含了作者的情感与思考，这样的诗句是"醉翁之意不在酒"，听出话外之音，就能明白其中真意。

垂绥①饮清露，流响出疏桐。

居高声自远，非是藉②秋风。

---

①垂绥（ruí）：帽缨结于颔下的部分，呈下垂状。这里指蝉头部伸出的触须，像下垂的帽缨。　②藉：凭借。

2. 王 绩

野 望

人处在自然之中，会有很多的感慨，比如生命，比如志趣，比如友情和家国之感。秋天，傍晚，诗人看着眼前的美景，忽然怀念起伯夷、叔齐来。

东皋①薄暮望，徙倚②欲何依。

树树皆秋色，山山唯落晖。

牧人驱犊返，猎马带禽归。

相顾无相识，长歌怀采薇③。

3. 王 勃

山 中

写自然风景是齐梁诗歌的强项，然而在描写自然风光中注入主观感情而又不露痕迹，使得诗歌获得更广的审美空间，却是初唐部分诗人致力达到的境界。这首五绝虽然短小，却能做到秋景与悲情融合，且诗境雄浑，让人听到了真正的唐音。

长江悲已滞，万里念将归④。

---

①东皋（gāo）：诗人隐居处。陶渊明《归去来兮辞》有"登东皋以舒啸"。　②徙倚（xǐ yǐ）：徘徊。
③采薇：代指隐居生活。薇即野生豌豆苗，可以采食，《史记》记载伯夷、叔齐兄弟反对周武王伐商，因此不愿食用周朝提供的粮食，在首阳山上采薇而食。后以此代指隐居生活。　④这两句诗的意思是：在高山上望见长江，仿佛水流停滞一般，由此想到自己滞留他乡而触动归思。

况属高风晚，山山黄叶飞①。

4.杨　炯

从军行②

　　国家有难之时，男儿当为国效力，驰骋疆场，在战场上展示自己的才能，实现报国的梦想。千古以来，多少仁人志士为此付出自己的生命，虽九死而不悔，豪情万丈，忠心可敬。

烽火照西京，心中自不平。

牙璋辞凤阙，铁骑绕龙城③。

雪暗凋旗画，风多杂鼓声④。

宁为百夫长⑤，胜作一书生。

①这两句诗的意思是：何况天色向晚，高处风吹正劲，使得群山上的黄叶都飞动起来。　　②从军行：为乐府《相和歌·平调曲》旧题，多写军旅生活。　　③这两句诗的意思是：手拿兵符辞别皇宫，率领铁骑包围敌军的要塞。牙璋，兵符。龙城，龙庭，西汉时期匈奴主力所在地，这里泛指敌军要塞。　　④这两句诗的意思是：（边地）雪大，天色黯淡，仿佛使军旗上的图案褪了色；大风凛冽，风声与战鼓声夹杂在一起。　　⑤百夫长：一百人的长官，这里泛指下级军官。

5. 卢照邻

行路难（节选）

长安，就是繁华和梦想的所在。无论是大汉还是盛唐，这里承载了多少人的希冀，浪漫与真情，奢华与淳朴，在行云流水的铺叙之中，我们隐约感受到了真情。

人生贵贱无终始，倏忽须臾难久恃①。

谁家能驻西山日，谁家能堰②东流水。

汉家陵树满秦川，行来行去尽哀怜③。

自昔公卿二千石，咸拟荣华一万年④。

不见朱唇将⑤白貌，唯闻青棘⑥与黄泉。

金貂⑦有时换美酒，玉麈⑧恒摇莫计钱。

寄言坐客神仙署⑨，一生一死交情处⑩。

苍龙阙⑪下君不来，白鹤山前我应去。

云间海上邈难期，赤心⑫会合在何时？

但愿尧年⑬一百万，长作巢由⑭也不辞。

---

①恃（shì）：依赖，仰仗。　②堰：拦河坝，这里用作动词，指挡住（水流）。　③这两句诗的意思是：汉朝陵墓上种的树木长满了秦地山川，（在这里）走来走去触目所见，尽是让人哀叹惋惜之景。　④这两句诗的意思是：过去那些位列公卿、俸禄二千石的显贵，（个个）都幻想自己的荣华富贵能延续万年。　⑤将：连词，和。　⑥青棘：绿色的荆棘，与"黄泉"都指葬身地。　⑦金貂：东晋阮孚好饮酒，对官事不甚关心，曾经将内臣的冠饰金貂拿去换酒，引来非议。　⑧玉麈（zhǔ）：玉制的麈尾，是一种贵族把玩的器物，晋人常用以辅助清谈，是风雅的象征。　⑨神仙署：指秘书省。　⑩一生一死交情处：《史记·汲郑列传》："一死一生，乃知交情。"　⑪苍龙阙：原是汉代宫殿，这里代指唐代宫廷。　⑫赤心：赤诚之心。　⑬尧年：指尧在位的时候。　⑭巢由：巢父、许由，相传都为尧时代的高洁之士，拒绝了尧的让位。

6.骆宾王

在狱咏蝉

> 身处囹圄，确实是一件让人心情低沉、黯然神伤的事情。在这里，会有很多的感慨，正在盛年的诗人，在这四壁冰冷的地方，依然相信，自己能够被人所理解，哪怕很难。

西陆①蝉声唱，南冠客思侵②。

那堪玄鬓影，来对白头吟③。

露重飞难进，风多响易沉④。

无人信高洁，谁为表予心⑤？

7.杜审言

登襄阳城⑥

> 这首诗虽说还有不少拘谨的地方，但有些句子已颇具盛唐气象。读着"楚山横地出，汉水接天回"，很容易让人联想到王维的"江流天地外"，孟浩然的"波撼岳阳城"，乃至杜甫的"吴楚东南坼，乾坤日夜浮"。盛唐诗的境界就是这样越来越宏大。

---

①西陆：指秋天。 ②这句诗的意思是：我这个被囚禁的人（听见这蝉鸣声），对故乡的思念占据了内心。南冠，春秋时楚国人锺仪被晋国人俘虏囚禁，仍旧戴着南方楚人的帽子，后以"南冠"代指囚犯。 ③这两句诗的意思是：哪里能够忍受黑发盛年的我，却（在狱中）面对（蝉）那如《白头吟》般凄凉悲哀的鸣叫。 ④这两句诗的意思是：霜露凝重，蝉恐怕难以举翅高飞，大风频频，蝉鸣也容易被吞没。 ⑤这两句诗的意思是：（可惜）没有人相信（我像）蝉那样高洁，又有谁来替我剖露这份真心呢？ ⑥本诗作者杜审言是杜甫的祖父，是近体诗定型的重要人物。他与崔融、李峤、苏味道并称"文章四友"，而诗歌才能最高，他自己也颇为自负。襄阳是他的籍贯，但他很早就迁居河南巩县（今河南巩义）。

旅客三秋①至，层城四望开。

楚山横地出，汉水接天回②。

冠盖非新里，章华即旧台③。

习池④风景异，归路满尘埃。

8.沈佺期

乐城⑤白鹤寺

青天碧海之下，清幽的佛寺中，青烟缭绕。潮声起伏，法鼓悠悠，空气湿润，天香氤氲，前山暗树，溪流瀑布。遭遇贬谪的诗人，在佛寺的清净之中，找到了安心之处。

碧海开龙藏，青云起雁堂⑥。

潮声迎法鼓，雨气湿天香⑦。

树接前山暗，溪承瀑水凉⑧。

无言谪居远，清净得空王⑨。

①三秋：指九月。 ②这两句诗的意思是：楚山拔地而起，接天的汉水（至此）回流。 ③冠盖、章华：冠盖里和章华台都是襄阳的历史古迹。 ④习池：习氏是襄阳的大族，建有风景优美的园林，为襄阳名胜。西晋山简在襄阳任官时，常来此游览。 ⑤乐城：今浙江乐清。 ⑥这两句诗的意思是：佛寺门外，一片碧海无垠；佛堂之中，几许青云升起。龙藏，佛寺的别称。雁堂，佛堂的别称，雁与佛教关系密切，如西安的"大雁塔"即如此。 ⑦这两句诗的意思是：海潮声来，仿佛迎听佛鼓；雨气氤氲，沾湿礼佛清香。法鼓，佛寺敲响的鼓。天香，礼拜佛祖的香。 ⑧这两句诗的意思是：（雨气之中）众树黯淡，直至寺前之山；溪水微凉，源于寺旁瀑布。 ⑨这两句诗的意思是：不要认为自己的贬谪生活太过僻远，佛寺清净，在此可得佛境。空王，因为佛教根本教义有一切皆空，故称佛为空王。

9. 宋之问

陆浑山庄

人，来自于自然，终究还是要回到自然中去。于是，在自然之中，人自有一种亲切的感觉，这是纷扰的人世所难以比拟的。山间花开林幽，路人相问，随意而释然。

归来物外①情，负杖阅岩耕②。

源水看花入，幽林采药行③。

野人④相问姓，山鸟自呼名。

去去独吾乐，无然⑤愧此生。

10. 张若虚

春江花月夜（节选）

一曲春江花月夜，多少闻之暗思量。人生、生命，如流水，天地之间，花月之前，我们总在感叹飞逝的过往，唯有把握当下，以良好的心态面对一切，超然，释然，才不负心。

江天一色无纤尘⑥，皎皎空中孤月轮⑦。

江畔何人初见月？江月何年初照人？

---

①物外：世事之外。　②岩耕：汉代名士郑子真隐居不仕，耕于岩石之下，后世遂用"岩耕"代指隐居。　③这两句诗的意思是：顺着溪流欣赏山花，不知不觉来到了源头；采摘草药，寻寻觅觅竟走进了云林深处。　④野人：田野之民。　⑤无然：不要。　⑥纤尘：微细的灰尘。　⑦月轮：指月亮，因为月圆时像车轮，所以称为月轮。

人生代代无穷已①，江月年年只相似。

不知江月待何人，但见②长江送流水。

11. 陈子昂

登幽州台歌③

> 　　登台怀古，体会到的是刻骨铭心的孤独，欲倾诉之言，前人难追，后人未至，此生坚守的价值却不能眼见其命运。流下的眼泪恐怕随即被寒风吹干了吧？但留下的千年喟叹却永留于后世读者的心间。

①穷已：穷尽。　　②但见：只见、仅见。　　③幽州台：即战国时期燕昭王所建黄金台，又称蓟北楼。此诗写于作者三十六岁那年随军出征契丹时，主帅武攸宜系武则天堂侄，但军队屡遭失利，陈子昂进谏反遭降职，他因此登蓟北楼抚今追昔而有感。

前不见古人，后不见来者。

念天地之悠悠①，独怆然而涕下②！

感遇三十八首（其二）

兰若③生春夏，芊蔚④何青青。

幽独空林色，朱蕤⑤冒紫茎。

迟迟白日晚，袅袅秋风生。

岁华尽摇落，芳意竟何成⑥。

①悠悠：形容时间的久远和空间的广大。　②怆（chuàng）然：凄伤的样子。涕下：流眼泪。　③兰若：香兰和杜若。香兰和杜若都是草本植物，秀丽芬芳。　④芊蔚（qiān yù）：草木茂盛的样子。　⑤朱蕤（ruí）：红花。　⑥这两句诗的意思是：一年一荣枯的花草即将凋零，它的芬芳却始终无人欣赏。

文史知识

一、上官体

我们应该注意到这样一种情形，即在中国诗歌发展的过程中，最早进行集中创作的往往是宫廷诗人或文学侍臣，这是古典诗歌具有贵族文学特点的一个原因。尤其在某些体制刚刚形成之初，这种特点更为明显。建安文学、永明体诗歌乃至初唐时期的所谓"上官体"，都属于这种情况。两汉以来，大量有民间文学性质的乐府诗产生，但它们不受文人的重视——尽管我们能够举出许多例子证明他们实际上颇受其影响——因而长期湮没。这样，诗歌发展的脉络主要集中在文人诗歌方面，而其演进又往往具有滞后性，这种滞后性一方面使前期成果得以进一步巩固，从而为后世发展乃至突破奠定基础；另一方面，却也会使之前的缺点进一步扩大，使其陷入某种困境，从而引发新的改良甚至革新。初唐诗坛的发展也印证了这一规律。

初唐时期，诗歌基本延续南朝及隋讲求丽辞声律的特点，这是因为尽管唐帝国基本上是继承北朝政权而来，但在文学方面却多南方籍或有长期驻留南方经历的作家，继承的基本是南朝文学的余绪。上官仪就是这样，他虽然是陕州陕县（今属河南）人，但很早就随父亲迁居扬州。他在贞观时期颇受太宗赏识，据说有"视草"（即阅读尚未颁布之诏书）的资格，但实质上仍只是文学侍臣，他今存的作品多为此时所作。武后时期，其所作所为暴露了当时文士的普遍弱点，即厚才学而薄行止，他起初为武后拟写废黜太子李忠的诏书，后来又秘密起草废黜武后的诏书，事发后被杀。可见政治上他左右摇摆，而其投机行为最终导致覆灭。

"缇油泛行幰，箫吹转浮梁。晚云含朔气，斜照荡秋光。"这是上官仪所作《奉和秋日即目应制》中的四句，写景颇为精致，后两句平仄相对，音韵和谐，已经具备了律诗的特点。但总体上，他的诗歌不出齐梁时期的模式，其守成的成分多于创新。这一点本无须苛责，只是由于他在高宗时期位居显贵，有不少人模仿其风格，《旧唐书》本传说"时人谓为上官体"，因此当新的诗歌创作潮流兴起时，他不可避免地成为被批评的对象。其实，上官仪对律诗的形成起到了重要作用，在理论方面我们可以看到他写作的《笔札华梁》；而在实践方面，在他的诗歌中，已经有不少符合律诗的平仄、黏对乃至对偶等要求。这当然有他继承南朝诗歌重视声律的因素，而这在初唐时期意义重大，其开拓之功不可磨灭。

二、初唐四杰与陈子昂

"初唐四杰"首先是作为一个文章团体的概念被提出的，时间大约在唐高宗咸亨二年（671）[①]，当时对他们的评价是"并以文章见称"，可见关注的并非诗歌。但后来逐渐将"四杰"之名转移至诗歌领域，大约也是因为唐诗成就极高使然。这四人实际上可以构成两代人，他们的年龄从大到小依次为卢照邻、骆宾王、王勃和杨炯，卢、骆相近，王、杨相近，这在他们的交情上也可以得到印证。但通常对四杰的称呼却是"王、杨、卢、骆"，著名的杜甫《戏为六绝句》其二就说"王杨卢骆当时体"，实际四杰在世的时候排序就是如此。杨炯自己就曾说"愧在卢前，耻居王后"，意思大约是说自己年辈小于卢照邻却居其前，心中感到不安；而在同代人里却居王勃之后，自然觉得不服气。在重视齿序的古代中国，这样的排名似乎包含深意，例如闻一多认为在律诗成就上王、杨二人要高于卢、骆，因此在重视近体诗的唐代就将他们置于前辈之上。不过"四杰"之名的提出最初并不是指其诗歌成就，而是文章，所以，这样的推断未必准确。四杰的诗歌总量并不大，至今存世作品最多的骆宾王存诗也不过一百二十余首。但他们的诗歌却开始呈现出与初唐前期沿袭齐梁宫廷诗歌不同的风格走向。这与四杰生平多不顺遂而长期沉沦下层有关，尤其像卢照邻，尽管出身范阳卢氏显族，但据他自己说，自从父亲去世后，家族在七八年内败落，还曾因事入狱，尤其是三十八岁不幸罹患风疾后，生活愈加困顿，最终选择投水自尽。此外，四杰中如骆宾王有多次从军经历，有些尽管不曾从军，但都用乐府的形式写作了不少边塞诗。这是一个值得关注的现象，即边塞战争往往给诗歌创作注入雄强刚健的气息，古代边境战争区域往往是中原文人较少到达的地方，因此新奇、瑰丽、雄壮的景象，会更新

①沈慧乐、钱伟康：《初唐四杰与陈子昂》，上海古籍出版社，1987年8月，第5—6页。

他们的表达内容。事实证明，这往往比单纯从理论上反对宫体诗要有效得多。可以说，他们的诗歌在存留齐梁诗歌中绮丽精致优点的同时，加入了个体生命在不如意的人生中的悲怆气质，也附带了属于唐帝国上升期的宏大气势，这一切，都使初唐诗坛开始转变。

真正完成这一转变的重要人物，是陈子昂，他生于唐高宗龙朔元年（661），比四杰中最小的杨炯还小十一岁。他有两次从军出塞的经历，北方边境的塞外风光、军旅生活以及军营中的种种不合理的丑态，使出生在四川的陈子昂得以拓宽其眼界和诗境。陈子昂并非单纯的文人，他的政治才能出众，后世颇多肯定，而其正直耿介的性格却使他的仕途坎坷。他宦海浮沉越久，越感到理想的失落，最终选择归隐。但政敌没有放过他，权臣武承嗣借人之手陷陈子昂于狱中。他最终以三十六岁之壮年屈死家乡的囹圄之中，令人不胜唏嘘。这种刚强的气质也表现在他的诗歌中，呈现为一种质朴刚健的整体风貌。陈子昂曾在《修竹篇序》中表达过一种深沉的忧虑："文章道弊五百年矣。汉、魏风骨，晋、宋莫传，然而文献有可征者。仆尝暇时观齐、梁间诗，彩丽竞繁，而兴寄都绝，每以永叹。"这段经典的表述历来被视为对齐梁诗歌的总批判，但在当时恐怕并不是主流观点。只是随着诗歌盛唐时代的到来，人们回视陈子昂的诗歌，发现他的作品已经基本扫清了南朝至唐初诗歌的绮靡之风，成为初唐至盛唐诗坛的中介，以至张九龄、李白、杜甫等名家都视其为足以令人尊敬的前辈。

思考与练习

一 积累：

1. 你有一个好朋友要去远方读书了，请你在选文中找一句最合适的话送给他，请把你找出的话工整地抄在下面：

2. "前不见古人，后不见来者"这句诗，可以用一个什么成语来概括？

二 活动：

1. 如果你回到初唐，最想遇见的是哪一位诗人？你想了解他的什么？你已经了解了什么？

2. 请在选文中找出一句你认为最有意境的诗句，写几句话，把它自然地融入进去。

3. 集句联是一种特殊的创作手法。"集"在这里做"聚集""集合"解。它是从古今文人的诗词、赋文、碑帖、经典中分别选取两个有关联的句子，按照对联的对仗、平仄等要求组成联句。集句联既保留原文的词句，又要语言浑成，别有新意，给人一种"青出于蓝而胜于蓝"的艺术感染力。同时，集句联还可使人自然地联想到所集的原作，无形中给人提供了一个广阔的艺术空间，这对陶冶情操，交流心灵，大有裨益。比如"夕阳无限好，高处不胜寒"，就是一个很好的例子。请你也试着从选文中找出相关语句做"集句联"的练习：

上联：_____

下联：_____

三 探究：

从选文诗句中找出出现频率高的几个词语，分析一下原因，写出你的探究结果。

第二单元

古典诗歌的高峰
——盛唐诗坛（上）

单元导读

　　唐开元年间的一个冬天，王昌龄、高适和王之涣三位诗人来到酒楼，对雪而酌，忽然有梨园艺人登楼宴饮。于是三位回避，边烤火边看她们表演。其中有四位丽人在演唱当时流行的曲子，三个诗人一时兴起，约定谁的诗句被演唱得最多，就推谁为最优。三曲已过，王昌龄的诗被唱了两次，高适的被唱了一次，王之涣眼看就要输掉赌局，于是抱怨这些不过是过气的歌手，不懂歌曲，指着最后也是最漂亮的那位说，如果她唱的再不是我的诗，甘愿服输，否则就要那两位拜他为师。既是开玩笑，大家自然同意。眼看着乐声起，那位漂亮的歌手啭起歌喉唱道："黄沙远上白云间①，一片孤城万仞山。羌笛何须怨杨柳，春风不度玉门关。"王之涣大为得意。这就是"旗亭画壁"的故事，记录在唐代的《集异记》里，可见当时就很出名。故事颇具传奇色彩，于是人们也不愿意去计较其真伪，倒更愿意想象他们发出的爽朗的笑声。这三位都是盛唐时期边塞诗的代表人物。在崇尚英雄的盛唐，慷慨悲歌的边塞诗横空出世，使唐诗的境界阔大起来。

　　然而雄强之气并非生命的常态，更多时候，人们还是在自然与人世间徜徉游走，寻找精神的依归。因此，盛唐时期最早兴盛起来的是山水、田园诗风。山水诗与田园诗本是两类题材的诗歌，但由于都涉及对自然风光的描摹，因此常常被一起提及。其实盛唐诗的成熟由山水、田园诗歌开始可谓水到渠成，因为早在东晋末到南朝宋初，伟大的诗人陶渊明就开始尝试将田园风光与个人意志结合写入诗歌，开始摆脱他那个

---

① "黄沙远上白云间"，通行本作"黄河远上白云间"，此从《集异记》。

新编中华文化基础教材·第十三册

时代沉闷晦涩的玄言诗影响；南朝山水诗人乃至初唐诗人对自然风光的极力刻画，逐渐发展为孟浩然、王维等对主观化的对象世界（即意象）的熟练把握和运用，以及对诗歌言外之意、象外之旨的追求。这类诗是一脉相承的，也是技巧积累较多的领域，因此山水、田园诗风一直被后世视为唐诗中最为正宗的流派。我们在阅读唐诗的时候会发现，很少有诗歌不在景物描绘方面大下功夫，而这种描绘又总是以抒情主人公的感情抒发为旨归的，当然最上乘的作品一定是不露痕迹地将主观感情投射到自然景物上，并给读者以无尽的想象空间。这些特征都是足以用来奠定中国古典诗歌本质的内涵，因此尤其被后世重视，也是唐诗地位不可撼动的根本原因。

本单元介绍边塞诗风和山水、田园诗风中较为典型且影响力较大的诗人，但诗人的创作是多方面的，所谓某种诗风只是他创作的突出部分而已，并不绝对。一位边塞诗人，也有沉醉田园牧歌的时候；而一位隐逸诗人，也会因为某次出征经历而留下边塞诗。这就是诗歌的盛唐时期，一个与时代一样不断扩张、开放、包容的诗坛就此诞生。

选文部分

1.李 颀

古 意

少年英雄，在古代不止一次出现在疆场。争强好胜，在杀敌战场上倒是一种可贵的品性。男儿报国，建功立业，燕赵之地多慷慨之士，在这里真可谓"英雄有用武之地"。

男儿事长征①，少小幽燕②客。

赌胜③马蹄下，由来轻七尺④。

杀人莫⑤敢前，须如猬毛磔⑥。

黄云白雪陇底飞⑦，未得报恩不得归。

辽东小妇年十五，惯弹琵琶解歌舞。

今为羌笛《出塞》⑧声，使我三军泪如雨。

①事长征：指远行从军。　②幽燕：幽州与燕国，泛指北方边地。　③赌胜：逞能。　④七尺：身体，这里代指生命。　⑤莫：没有人。　⑥这句诗的意思是：胡须就像刺猬的硬刺那样张开，威风凛凛。猬毛，刺猬身上的硬刺。磔（zhé），张开。　⑦黄云白雪陇底飞：一本作"黄云陇底白雪飞"，此处取唐代人编辑的《河岳英灵集》。　⑧《出塞》：汉横吹曲名，据说是李延年创制，内容多为边塞情景。

古从军行

边地，总是苍凉；战争，总是充满了血腥和无奈。无论是"行人"还是"公主"，在命运面前，有时候都难以把握自己，于是，随波逐流，感慨伤怀之中，幽怨之情跃然纸上。

白日登山望烽火①，黄昏饮马傍交河②。

行人刁斗风沙暗③，公主琵琶④幽怨多。

野云万里无城郭，雨雪纷纷连大漠。

胡雁哀鸣夜夜飞，胡儿眼泪双双落。

闻道玉门犹被遮⑤，应将性命逐轻车。

年年战骨埋荒外，空见蒲桃⑥入汉家。

琴歌送别

音乐最难描摹，可谓语言艺术的极限，但是唐诗中有不少篇目都尝试以诗写音。这首作品的妙处在于几乎没有直接描写琴声的地方，而处处以他物映带音乐；尤其以四周听众的寂静，甚至用天空中星星的黯淡来衬托琴声给人带来的审美境界。这些都使我们认识到，音乐与诗歌存在许多共通之处。

---

①烽火：古代一种警报。　②饮（yìn）马：给马喂水。傍：靠近。交河：古县名，故城在今新疆吐鲁番西北的雅尔和屯。　③行人：指出征的士兵。刁斗（dǒu）：古代军中用具，铜制，有柄。白天用来烧饭，晚上用以打更巡逻。　④公主琵琶：汉武帝时以江都王刘建的女儿刘细君远嫁乌孙国王，这里指公主在马上弹奏琵琶以表达远嫁西域的孤独与幽怨。　⑤这句诗的意思是：听说玉门关的大门已经关闭了。西汉武帝时，派遣贰师将军李广利出征大宛（yuān），屡次失利，李广利请求军队退入玉门关休整，汉武帝下令关闭玉门关，迫使其继续出征。遮，阻断。　⑥蒲桃：即"葡萄"，属于古代的音译外来词。葡萄是西汉通西域后才输入的物种。

主人有酒欢今夕，请奏鸣琴广陵客①。

月照城头乌半飞，霜凄万树风入衣②。

铜炉华烛烛增辉，初弹《渌水》后《楚妃》③。

一声已动物皆静，四座无言星欲稀④。

清淮奉使千余里，敢告云山从此始⑤。

晚归东园

惯作豪语的诗人，其实也有淡泊悠然的时候，这首五律就是如此。它写了秋天傍晚的田园所见：耕作、纺织，自有其秩序；白云来去，山谷悠悠，夕阳西下，静穆自然。这些最普通的景致却能使人放下人世的紧张，并为曾经的这种紧张而后悔。

荆扉带郊郭⑥，稼穑向东菑⑦。

倚杖寒山暮，鸣梭秋叶时⑧。

回云覆阴谷，返景照霜梨⑨。

澹泊真吾事，清风别自兹。

①广陵客：即善于弹奏琴曲《广陵散》的嵇康。　②这两句诗的意思是：月光照在城头，乌鸦大半飞去；风霜凋零万树，寒风吹入衣袖。　③《渌水》《楚妃》：都是琴曲名。　④这两句诗的意思是：琴声初发，四周万物寂静；听客无语，满天星斗黯淡。　⑤这两句诗的意思是：远行者即将出使千里之外，而抒情主人公则在琴曲的感染下触发了归隐的情思。　⑥带：环绕。郊郭：城外。　⑦稼穑（sè）：指田间劳作。菑（zī）：田亩。　⑧这两句诗的意思是：傍晚扶杖，远望秋山凄寒；纺纱忙事，正逢黄叶零落。鸣梭，织布的梭子发出响声，这里代指纺织。　⑨这两句诗的意思是：天上行云遮盖住北面的山谷，夕阳照在即将收获的梨树上。返景，夕阳返照的光芒。景，通"影"，阳光。

2. 王昌龄

从军行（其五）

如此短小的篇幅，无法对战争进行详细的描绘，但作者巧妙地以沙漠风尘、昏黄日色作背景，以大军出发时那来不及招展的军旗为特写，避开正面写战斗。然而当读者还没明白怎么回事，较量已经有了结果，以唐军的大胜告终。简洁明快之中，充溢的是一种自信。

大漠风尘日色昏，红旗半卷出辕门①。

前军夜战洮河北，已报生擒吐谷浑②。

塞下曲（其一）

从意气风发的少年，到老死边陲的老卒，多少健儿就这样任边地的风沙逐渐消磨掉青春和健康，也消磨了建功立业的雄心。于是向世人慨叹人生，劝诫后人不要步自己的后尘。

蝉鸣空桑林③，八月萧关④道。

出塞复入塞，处处黄芦草。

从来幽并⑤客，皆向沙场老。

莫学游侠儿，矜夸紫骝好⑥。

---

①辕门：军营的门。　②吐谷浑（tǔ yù hún）：本为辽东鲜卑慕容部的一支，后迁至西北地区。　③空桑林：桑树叶落，逐渐稀疏，因而称为"空"。　④萧关：唐代关塞，在今宁夏回族自治区境内。　⑤幽并（bīng）：幽州和并州的并称，都属北方边地，民风有侠义之气。　⑥矜（jīn）夸：骄傲夸耀。紫骝（liú）：骏马的名字，这里代指优良的战马。

塞下曲（其二）

战场总是与死亡直接关联，看到那些暴露于野的士兵尸首，总是足以使人寒心。这些人也曾经驰骋疆场，那样有活力，如今却只能狼藉于此。逝者已矣，生者何堪！

饮马渡秋水，水寒风似刀。

平沙日未没，黯黯见临洮^①。

昔日长城战，咸言意气高。

黄尘足今古，白骨乱蓬蒿^②。

太湖秋夕

这首诗很可能是安史之乱中作者避乱到江淮一带时写下的。他历经贬谪，现在这个庞大的帝国又遭遇前所未有的危机，个人乃至家国的悲剧在太湖的秋天中，显得那样凄凉。

水宿烟雨寒，洞庭霜落微^③。

月明移舟去，夜静魂梦归^④。

暗觉海风度，萧萧闻雁飞^⑤。

①临洮：唐代边关要塞，是与吐蕃邻近之地，在今甘肃省岷县。秦代长城西端由此开始。　②这两句诗的意思是：古往今来，黄沙依然如此；草丛离离，代代人成白骨。蓬蒿，泛指草丛。　③这两句诗的意思是：寄宿舟中，烟雨令人心寒；夜半霜降，洞庭岛屿微茫。洞庭，太湖中岛屿的名字，有东、西二岛。　④这两句诗的意思是：（不久）月色明亮，离船而去；夜晚寂静，梦里回还故乡。　⑤这两句诗的意思是：隐隐察觉，海上之风吹来；大雁掠过，但闻萧萧之声。度，吹过。

客广陵①

历尽宦海浮沉的王昌龄，已经不同于三十岁前后意气风发出征西域的那个年轻人了，在唐代最为繁华城市之一的广陵，却想到了归隐，不得不说是一种人生的无奈。秋天的大海吹来爽朗的风，不知是否会唤起他在大漠时的回忆呢？

楼头广陵近，九月在南徐②。

秋色明海县，寒烟生里闾③。

夜帆归楚客，昨日度江书。

为问易名叟④，垂纶不见鱼⑤。

观　猎

正如现代人看竞技比赛一样，虽然自己没有运动员那样的能力，但是看看也能给自己带来审美的愉悦，仿佛对方的生命能量也影响了自己一般。古人观猎，往往也能给自己带来一种雄强的活力，好像自己就能成为那个意气风发的猎手一样。

①广陵：唐代有扬州广陵郡，即今江苏省扬州市。作者于开元二十九年（741）任江宁丞，至天宝六载（747）秋被贬为龙标尉，此诗应作于这一期间。　②南徐：今江苏省镇江市，因东晋时期在此侨置南徐州，因此得名，与扬州隔江相望。　③这两句诗的意思是：秋色明澈，海城为之亮丽；秋寒袭人，炊烟起于乡里。海县，靠近大海的城市。里闾（lú），乡里。　④易名叟：改换名字的老者，指东汉高士严子陵，他与光武帝年少时共同游学，光武帝即位后他改名隐居。　⑤不见鱼：太公涓在隐溪垂钓五十六年却没有钓得一条鱼，有人感到奇怪，他回答说过去康王父在海中的蓬莱岛垂钓五百年而未尝钓得一条鱼，我只不过相当于他的一天罢了。参见李云逸《王昌龄诗注》，上海古籍出版社，1984年，第106页。

角鹰①初下秋草稀，铁骢抛鞚去如飞②。

少年猎得平原兔，马后横捎意气归③。

芙蓉楼④送辛渐（其二）

王昌龄被舆论非议的所谓"细行"，我们已难得知了。不过我们知道，一个人要坚守自我是很难的，要在质疑面前依然从容不迫是需要自信的，坚持不妥协也是需要付出代价的。然而，坚强如王昌龄，在这首写给友人的送别诗中，不也透露着一丝被孤立后的不安吗？

丹阳城南秋海阴，丹阳城北楚云深。

高楼送客不知醉，寂寂寒江明月心⑤。

巴陵送李十二⑥

王昌龄与李白的会面，也许不及李白与杜甫相见那样引人激动，但他们的短暂相聚依然为我们留下了这样的美好回忆。我们可以看到，这首作品情景交融的效果已经炉火纯青，而这种尝试也使离别诗的水平进一步提高。

①角鹰：一种头顶有毛角的猛禽。　②这句诗的意思是：猎手骑着骏马放松缰绳任马驰骋，奔驰如飞。铁骢（cōng），泛指骏马。鞚（kòng），笼马的器具。　③这里两句诗的意思是：少年猎手猎得平原上奔跑的野兔后，将其横放在马背后以示炫耀，意气昂扬地骑马归来。　④芙蓉楼：在唐代润州丹徒，今江苏省镇江市。这首诗当作于王昌龄任江宁丞期间。　⑤这句诗的意思是：内心寂寞凄凉，如江中倒映的明月。　⑥巴陵：唐代岳州巴陵郡巴陵县，即今湖南省岳阳县。李十二：即著名诗人李白，唐人习惯用家族内排行来称呼对方。

摇枻巴陵洲渚分，清江传语便风闻①。

山长不见秋城色，日暮兼葭空水云②。

3.高　适

燕歌行（并序）③

在风雨如磐的战争年代，英雄豪情总是伴随着惨烈和漫天的烟云，于是，悲歌总是响起——在战功的背后，除了酣畅淋漓的胜利，还有大大小小的失利，以及无数士兵的牺牲、无数家庭的离散甚至破灭。这就是盛世的矛盾，时代的强劲和个体的悲剧共存。

　　开元二十六年，客有从御史大夫张公④出塞而还者，作《燕歌行》以示适，感征戍之事，因而和焉。

汉家烟尘⑤在东北，汉将辞家破残贼。

男儿本自重横行⑥，天子非常赐颜色⑦。

摐金伐鼓下榆关⑧，旌旆逶迤碣石间⑨。

校尉羽书飞瀚海⑩，单于猎火照狼山⑪。

---

①这两句诗的意思是：巴陵江洲之畔，彼此摇桨分别；顺风吹过清江，凭此互传消息。摇枻（yì），荡桨。便风，顺风。　②这两句诗的意思是：你乘舟离开，连绵的山峦遮住了巴陵城的秋色，再也看不见我；夕阳西下，我在此目送，直到视线内只剩下秋日如雪的兼葭，空寂的水面倒影着天上的寒云。　③燕歌行：乐府旧题。　④张公：即当时的辅国大将军、右羽林大将军和御史大夫张守珪。　⑤烟尘：代指战争。　⑥横行：这里是纵横驰骋于疆场的意思。　⑦这句诗的意思是：皇帝用超过平常的态度和赏赐给予礼遇。颜色，容色，脸色。　⑧摐（chuāng）金：撞击铜制的发令乐器。伐鼓：敲击战鼓。榆关：即山海关，通往东北的要塞。　⑨旌旆（jīng pèi）：泛指各种军旗。逶迤（wēi yí）：叠韵的联绵词，这里是形容军旗回旋招展的样子。　⑩校（jiào）尉：隋唐时期是军中的低级武官。羽书：军事紧急文书。瀚海：大沙漠。　⑪狼山：又称狼居胥山，在今内蒙古自治区克什克腾旗西北。此处"瀚海""狼山"等是边塞诗中经常用以表示北方边境地区的用语，未必是实指。

山川萧条极边土，胡骑凭陵杂风雨①。

战士军前半死生，美人帐下犹歌舞！

大漠穷秋塞草腓②，孤城落日斗兵稀③。

身当恩遇④恒轻敌，力尽关山未解围。

铁衣远戍辛勤久，玉箸⑤应啼别离后。

少妇城南欲断肠，征人蓟北空回首⑥。

边庭飘飖那可度⑦？绝域⑧苍茫无所有。

杀气三时作阵云⑨，寒声一夜传刁斗。

相看白刃血纷纷，死节⑩从来岂顾勋？

君不见沙场征战苦，至今犹忆李将军⑪！

塞上听吹笛

　　七绝较之歌行体，篇幅短小多了，但是作者在此却让笛子那悠扬悲凉的乐声成为超越距离的存在，使戍边者的思乡思人之情获得了更具普遍意义的表达。

---

①这两句诗的意思是：萧条群山，绵延直至边境；敌军来攻，其势如同风雨。极，到……尽头。凭陵，侵略。　②腓（féi）：草木枯萎。　③斗（dòu）兵稀：参与战斗的士兵越来越少了。　④身当恩遇：指主将受朝廷的恩宠。　⑤玉箸（zhù）：指眼泪。　⑥以上四句都是说戍边的士兵与家中的妻子离别而长期驻守北方边疆，彼此苦苦思念而难得相见。　⑦那：通"哪"，哪里。度：越过。　⑧绝域：指交通阻隔的边境地区。　⑨三时：从早到晚。"三"在这里指很多，并非实指。阵云：指战场上紧张肃杀的气氛。　⑩死节：为气节而死。死，这里是特殊的动宾关系为动用法。这句话的意思是：战士们奋勇杀敌不顾牺牲是为了气节，难道是为了博取功勋吗？　⑪李将军：指西汉的李广，他能捍御强敌，爱抚士卒，匈奴称他为汉之飞将军。

雪净胡天牧马还，月明羌笛戍楼间①。

借问梅花何处落，风吹一夜满关山②。

4.岑　参

白雪歌送武判官③归京

> 雪，是冬天的精灵，在边地的雪，有柔的一面，也有刚的一面。荒凉之所，置酒告别，自有诸多的感慨，而这漫天的飞雪和阴云，这激越的琴声，却也为冬日增添了亮色。

北风卷地白草折，胡天④八月即飞雪。

忽如一夜春风来，千树万树梨花开。

散入珠帘湿罗幕⑤，狐裘不暖锦衾薄⑥。

将军角弓不得控⑦，都护⑧铁衣冷难着。

瀚海阑干⑨百丈冰，愁云惨淡万里凝。

中军⑩置酒饮归客，胡琴琵琶与羌笛⑪。

纷纷暮雪下辕门，风掣红旗冻不翻。

①这两句诗的意思是：北地天空，雪后澄澈，敌军已然退却；月明之夜，羌笛悠悠，飘入军营之中。牧马，即放马，这里代指游牧民族南下侵扰。放马回去，即指敌军被击退。　②梅花落：用笛子演奏的曲名，内容多为游子思念家中妻子。这里将其拆开，巧用双关，仿佛乐声真的如梅花一般飘散，在一夜之间将整个边地覆盖了。　③武判官：情况不详。判官，官职名。　④胡天：这里指西域的天气。　⑤珠帘：以珠子穿缀成的挂帘。罗幕：丝织帐幕。这句说雪花飞进珠帘，沾湿罗幕。　⑥锦衾（qīn）薄：盖了华美的织锦被子还觉得薄。形容天气很冷。　⑦角弓：用兽角装饰的硬弓。不得控：天太冷而冻得拉不开弓。　⑧都护：镇守边镇的长官，此为泛指，与上文的"将军"是互文。　⑨阑干：纵横的样子。　⑩中军：古时分兵为中、左、右三军，中军为主帅所居。　⑪胡琴、琵琶、羌笛：都是当时西域地区兄弟民族的乐器。这句说在饮酒时奏起了乐曲。

轮台①东门送君去，去时雪满天山路。

山回路转不见君，雪上空留马行处。

走马川行奉送封大夫出师西征②

边塞，极尽苍凉之势，茫茫之态。在和外族的争斗和相持中，我们看到的是将士们在恶劣环境中坚持戍边的情形，正是他们维护了国家的安宁，令人起敬。

君不见走马川行雪海边，平沙莽莽黄入天。轮台九月风夜吼，一川碎石大如斗，随风满地石乱走。匈奴草黄马正肥，金山③西见烟尘飞，汉家大将西出师。将军金甲夜不脱，半夜军行戈相拨④，风头如刀面如割。马毛带雪汗气蒸，五花连钱⑤旋作冰，幕中草檄⑥砚水凝。虏骑闻之应胆慑，料知短兵⑦不敢接，车师⑧西门伫献捷。

---

①轮台：汉唐时期西域要塞，今新疆维吾尔自治区轮台县附近，但具体地点一直有争议。　②走马川：即车尔成河，在今新疆境内。封大夫（dà fū）：即封常清，唐朝著名将领。　③金山：指天山主峰。　④戈相拨：兵器互相撞击。　⑤五花连钱：比喻马斑驳的毛色。　⑥草檄（xí）：起草讨伐敌军的文告。　⑦短兵：指刀剑一类武器。　⑧车师：是唐北庭都护府所在，今新疆乌鲁木齐东北。

巴南舟中夜书事①

此诗写作时已然过了盛唐，加之作者个人的失意，显得有些凄苦，与他最擅长的边塞诗相比，显得安静寂寞了许多。或许这就是从一个人身上看到的一个时代的变化吧。然而，或许这只是一种偶合，因为我们从这首诗中也能读出不少盛唐山水诗的影子，读到孟浩然的感觉。

渡口欲②黄昏，归人争渡喧③。

近钟清野寺，远火点江村④。

见雁思乡信，闻猿积泪痕。

孤舟万里外，秋月不堪论⑤。

5.孟浩然

耶溪⑥泛舟

都说是柔情似水，这首诗真是写出了水的静柔之美。泛舟溪流之上，相望两岸之间，白首与新妆，这种组合使人有恍若隔世之感。脉脉不得语，不语，也尽在其中。

落景余清晖，轻桡弄溪渚⑦。

---

①大历三年（768）七月，岑参自嘉州（今四川乐山市）罢官东归，此诗即作于途中。　②欲：即将。　③这句诗的意思是：晚归的人们争相渡河，渡口因此显得喧闹。　④这两句诗的意思是：野寺钟响，其音渐近而清；江村渔火，远望星星点点。　⑤这两句诗的意思是：独自在旅途中望见秋天的明月，这种滋味难以言说。　⑥耶溪：即若耶溪，今浙江绍兴以南，相传为西施浣纱处。　⑦这两句诗的意思是：落日散发着余晖，轻摇木桨在溪中泛舟。桡，船桨。渚，水中的小块陆地。

泓澄[1]爱水物，临泛何容与[2]。

白首垂钓翁，新妆浣纱女。

相看似相识，脉脉不得语。

夏日南亭怀辛大

　　动感的开头，触动了读者的内心。在这闲静自然之中，散发和开轩是当然的选择。有夏荷送来清香，有水滴如乐声，心情应该很好。只是人终究还是需要交流，于是，怀友。

山光忽西落，池月渐东上。

散发乘夜凉，开轩卧闲敞[3]。

荷风送香气，竹露滴清响。

欲取鸣琴弹，恨无知音赏。

①泓澄：水深而清澈的样子。　②容与：悠然自得的样子。　③这两句诗的意思是：披散头发，享受晚间清凉；打开窗户，卧于宽敞之处。闲敞，空阔处。

感此怀故人，中宵劳梦想。

夜归鹿门[1]歌

> 随意，洒脱，名士之风，在山水之间最能展现出来。月光之下，内心的感受可以尽情地抒发，无论是沙路还是渔梁，钟鸣还是归舟，在幽径岩扉之间，行走的其实还有心情。

山寺鸣钟昼已昏，渔梁[2]渡头争渡喧。

人随沙路向江村，余亦乘舟归鹿门。

鹿门月照开烟树[3]，忽到庞公[4]栖隐处。

岩扉松径长寂寥，惟有幽人夜来去。

早寒有怀

> 北风，孤帆，寄托的是愁绪万千。在江河之间，思念的家在远方，在漫漫长路上，在渡口边，眼前风物一件件都能触动乡思。欲问还休，无语，心中也凄然。

木落雁南渡，北风江上寒。

我家襄水上，遥隔楚云端。

乡泪客中尽，孤帆天际看。

---

①鹿门：诗人当时所居的襄阳鹿门山。　②渔梁：地名，在湖北省襄阳东。　③这句诗的意思是：鹿门山夜，月光朗照，林间烟气飘散。　④庞公：庞德公，东汉隐士，襄阳人。

迷津欲有问，平海夕漫漫①。

6.王　维

饭覆釜山僧②

> 隐居或者遁入空门，是一种心灵的自我修炼。远离喧嚣，亲近自然最淳朴的地方，这是很多人所向往的一种境界。读读书，想想事，提升自己，这种感觉真是很好的。

晚知清净理，日与人群疏。

将候远山僧，先期扫敝庐。

果从云峰里，顾我蓬蒿居。

藉草饭松屑，焚香看道书③。

然灯昼欲尽，鸣磬夜方初④。

一悟寂为乐，此生闲有余⑤。

思归何必深，身世犹空虚。

①这两句诗的意思是：迷失渡口，想寻他人访求；水面宽阔，晚来水势浩大。漫漫，水势大的样子。
②覆釜：山名。饭僧：请僧人来用斋。　③这两句诗的意思是：坐草垫上，同食松子；点燃清香，共读佛经。　④这两句诗的意思是：白天将过，点起灯火；夜晚才来，鸣响钟磬。然，同"燃"，点燃。　⑤这两句诗的意思是：一旦开悟，领会寂灭为乐；此生虽短，其实闲暇有余。

鸟鸣涧①

幽静的空山，月色和山鸟，组成了一幅和谐的画面，在这样的画面前，我们的心安静感动，如水般纯净，声声鸟鸣更加衬托出夜色清婉宁谧，这样的情景，令人心醉。

人闲桂花落②，夜静春山空。
月出惊山鸟，时鸣春涧中③。

---

①鸟鸣涧：鸟儿在山中鸣叫。涧，两山之间的小溪。　②这句诗的意思是：夜晚的山中人声寂静，桂花独自飘零。闲，安静、悠闲。　③这两句诗的意思是：被云遮住的月亮突然放出光芒，竟惊动了山中已栖宿的鸟儿，飞鸟在山涧中盘旋，不时啼叫（更显出春夜山中的寂静）。

鹿　柴①

作者选取声音和光影这两类大自然中最难描摹的对象来写，声音的起灭与光影的移动让人颇能感悟禅境，而那位看不见的抒情主人公则已在山林中逗留了一整天。

空山不见人，但闻人语响。

返景②入深林，复照青苔上。

辛夷坞

暮春花落，本是容易引发诗人感伤的景色，然而山中之花幽然，并无意谁来欣赏，更不用说伤感了。花开花落，本是自然规律，无人看见是如此，偶然看见了，也是如此。

木末芙蓉花③，山中发红萼④。

涧户⑤寂无人，纷纷开且落。

---

①鹿柴（zhài）：柴，通"砦"，栅栏。鹿柴是王维别墅所在地辋川山谷附近的景致。下一首中"辛夷坞"是另一处景致。这两首都收入王维自编的《辋川集》中。　②返景：太阳将落时返照入树林的光线。景，通"影"。　③芙蓉花：即指辛夷。辛夷，落叶乔木，花较大如莲花，常见白色和紫色，暮春绽放，又名广玉兰。　④萼（è）：花萼。　⑤涧户：涧口，山溪口。

终南别业

并非有钱有闲就能享受世间最美好的景色，起作用的终究在于内心的境界。即使到了溪水的尽头，也能于无景中看到别人看不到的美景。人生的境遇也是如此，放下执著，跳出是非，往往能获得别样的惊喜。

中岁颇好道，晚家南山陲①。

兴来每独往，胜事空自知②。

行到水穷处，坐看云起时。

偶然值③林叟，谈笑无还期。

归嵩山作

我们能够清楚地看到，陶渊明的田园诗在王维这里得到呼应。日暮万物回归，那么人的归宿在哪里呢？清寂的环境都因抒情主人公的淡泊情怀而显得悠远，而当那一扇轻巧的柴门关上后，恐怕不仅仅是隔绝了尘俗，还找到了独享的乐园。

清川带长薄，车马去闲闲④。

流水如有意，暮禽相与还。

荒城临古渡，落日满秋山。

---

①这两句诗的意思是：中年以后我非常崇信佛教，近来在终南山边安家。 ②这两句诗的意思是：游兴起时常常独自去山中游玩，那些美好的景色只有自己才知道。 ③值：遇见。 ④这两句诗的意思是：清澈的河水环绕着草木繁茂的地方，马车从容不迫地缓行返回嵩山的别墅。长薄，绵延的草木丛。

迢递①嵩高下，归来且闭关。

归辋川作

散淡的隐居者，也会在暮春的傍晚，于钟声、归人、山水组成的自然图景中感悟到瞬间的忧愁，这种愁绪是伴随着对短暂生命中那么多无常而生的，但它是淡淡的，哀而不伤的，因此也有一种永恒的感动。

谷口疏钟动，渔樵稍欲稀②。

悠然远山暮，独向白云归③。

菱蔓弱难定，杨花轻易飞④。

东皋春草色，惆怅掩柴扉。

送綦毋潜落第还乡⑤

唐代科举取士很少，落第是一种常态。王维劝慰友人也如他的诗那样"行到水穷处，坐看云起时"——人怎知在生命的另一侧没有其他精彩存在呢？全诗娓娓道来，既不失儒雅委婉，也对友人的遭遇给予了最合理的同情。

---

①迢递：遥远的样子。　②这两句诗的意思是：山谷口稀疏的钟声震响着，山中的渔父樵夫逐渐少了。　③这两句诗的意思是：悠然地望着远山为暮色所笼罩，独自向白云生处的家归去。　④这两句诗的意思是：菱的茎因为细小在水中漂浮难定，柳絮由于太轻容易飘散。　⑤綦（qí）毋潜：綦毋为复姓，潜为名，字季通，荆南（治所在今湖北江陵）人，王维的好友。落第：即参加科举考试没有被录取。

圣代①无隐者，英灵尽来归②。

遂令东山客③，不得顾采薇。

既至金门远，孰云吾道非④。

江淮度寒食，京洛⑤缝春衣。

置酒长安道，同心与我违⑥。

行当浮桂棹⑦，未几⑧拂荆扉。

远树带行客，孤城当落晖。

吾谋适不用，勿谓知音稀。

送梓州⑨李使君

对于巴蜀，人们都说是"天府之国"，也有人长叹"巴山楚水凄凉地"。其实，一个地方的优劣，还是要看你的理解，安之，则任何地方都是天堂。作者这样勉励，甚好。

万壑⑩树参天，千山响杜鹃。

山中一夜雨，树杪⑪百重泉。

汉女输橦布⑫，巴人讼芋田⑬。

---

①圣代：政治开明、社会安定的时代。　②英灵：有德行、有才干的人。　③东山客：东晋谢安曾隐居会稽东山，借指綦毋潜。　④这两句诗的意思是：已经不远千里来到京城参加考试，就不能说自己的学识不好。金门，金马门。汉代宫门名，是汉代贤士等待皇帝召见的地方。　⑤京洛：东都洛阳。　⑥同心：知己。违：分离。　⑦行当：将要。桂棹：桂木做的精致船桨。　⑧未几（jǐ）：不久。　⑨梓（zǐ）州：在今四川三台。　⑩壑（hè）：山谷。　⑪树杪（miǎo）：树梢。　⑫汉女：汉水的妇女。橦（tóng）布：橦木花织成的布，为梓州特产。　⑬这句诗的意思是：巴人常为农田之事发生讼案。巴，今四川重庆一带。芋田，产芋头的农田。

文翁翻教授^①，不敢倚先贤。

淇上^②田园即事

没有真正村居生活的人，是很难写出如此真实优美的田园风光来的。除去作者隐逸之心外，这首诗的写作技巧也在前人基础上更进一步。读颈联时，不禁让人想起初唐诗人王绩的句子"牧人驱犊返，猎马带禽归"，而在视角的转换上有了新的突破。

屏居^③淇水上，东野旷无山。

日隐桑柘外，河明闾井间^④。

牧童望村去，猎犬随人还。

静者亦何事？荆扉乘昼关。

使至塞上^⑤

开元二十五年（737）三月，王维出使河西。此前，他已经写出了"天寒远山尽，日暮长河急"这样的名句，而在西域那苍凉壮景的刺激下，他创作了更为辉煌的篇章。我们由此可见，边塞诗与田园诗在技巧方面的共通之处。

①文翁：汉景帝时为蜀郡太守，好教化，建造学宫，教育人才，使巴蜀地区民风大变。翻：改变。
②淇上：在今河南省北部。开元九年（721），王维被贬济州，后改为淇上。本诗应写作于这一时期。
③屏（bǐng）居：隐居。　④这两句诗的意思是：房屋为桑树和柘树遮蔽，夕阳从外无法照到；河水流过村落，在夕阳的照射下显得鲜明亮丽。　⑤使至塞上：奉命出使边塞。使，出使。

单车欲问边①，属国过居延②。

征蓬③出汉塞，归雁入胡天。

大漠孤烟直，长河落日圆。

萧关逢候骑④，都护在燕然⑤。

---

①单车：一辆车，这里形容轻车简从。问边：到边塞去察问。　②属国：附属于唐帝国而保留本来国号的国家。居延：地名，汉代称居延泽，唐代称居延海，在今内蒙古额济纳旗北境。这句诗的语序应该是：过属国居延。　③征蓬：随风飘飞的蓬草，此处为诗人自喻。　④候骑：负责侦察、通讯的骑兵。　⑤都护：唐朝在西北边疆置安西、安北等六大都护府，其长官称都护，每府派大都护一人，副都护二人，负责辖区一切事务。这里指前敌统帅。燕然：燕然山，即今蒙古国杭爱山，这里代指前线。

文史知识

"诗家天子"王昌龄

"诗家天子王江宁"是当时人对著名诗人王昌龄的赞誉。王昌龄，字少伯，京兆人，他家的具体位置大约就在今西安市东郊，临近古代著名的灞桥，距离当时的政治中心是很近的。由于他曾经客居太原，也被误认为是太原人，大约因为太原王氏是唐代重要的一支大族，著名诗人王维就属于这支。晚唐时期的《博异志》还记有"琅琊王昌龄"，同样的记载也保存在宋代的《太平广记》中，这大约是他真实的郡望，因为他有一位族弟王璵（yú），在肃宗时期曾担任宰相，史书记载他就出自琅琊王氏。虽然琅琊王氏也是魏晋以来的名门望族，但王昌龄的出身显然并不显达。他早年大约在家乡躬耕读书，过着较为清贫的生活，因此后来他在给吏部侍郎的信中声称，自己长期处于"贫贱"之中，因此知道不少底层困苦之事。这句颇有些模仿孔子"吾少也贱，故多能鄙事"的话，也是他真实生活的描述。他在写于贬谪时期的《别李浦之京》中写道："故园今在灞陵西，江畔逢君醉不迷。小弟临庄尚渔猎，一封书寄数行啼。"措辞颇为惨苦，大约他认为自己回乡无望，还牵挂着那个至今过着贫民生活的亲弟弟。由此可知，王昌龄早年的生活大约与这位弟弟相同，只是后来出仕方得摆脱。

在中进士之前，他可能参加过一次进士科考试。因为在开元十一年（723）前后，他在今山西一带漫游，并在太原短暂逗留，同年秋天后可能已经回到长安附近的家中，并于次年科举考试前写了《上李侍郎书》，信的投递对象是当时的吏部侍郎李元纮，内容则是希望得到对方的赏识，并附上了自己的著作《鉴略》五篇以展示才华。这是唐代考生惯常的考前活动，而在开元二十四年前，进士科考试都由吏部考功员外郎主持，因此王昌龄把信直接寄给了吏部侍郎，不过这次干谒活动没有取得成功。王昌龄索性赴西北边塞漫游，最远到达了玉门关一带。这次游历对他的边塞诗创作想必有巨大意义。他在开元十四年回到家中，并在次年的进士科考试中取得成功，和他同榜考取的还有著名诗人常建。

进士及第后，他被授予秘书省校书郎；开元二十二年（734），王昌龄参加制科考试取得成功，改任汜水县尉。后不知何事获罪，被贬谪到岭南地区。遇赦回京后，被任命为江宁丞，这就是世称"王江宁"的原因。期间他曾于天宝三载（744）春天回到长安，与王维、王缙（王维之弟）、裴迪等人游览了长安东的青龙寺，留下诗篇。王维在诗前小序中说："时江宁大兄，持片石，命维序之"，称其为"大兄"，因为王昌龄族内排行老大，从措辞看似乎王昌龄确实比王维要大一些。因此，闻一多先生推测其生年在698年，比王维大三岁，看起来有一定道理。但他中进士却比王维晚了六年。

到天宝八载（749），王昌龄又因事被贬为龙标尉，故他也被称为"王龙标"。龙标在今湘西地区，唐代是较为偏远之地，故同时人殷璠在《河岳英灵集》中说"谤议沸腾，再历遐荒"。究竟何事，终究不明，但从他早期写给李侍郎的信中表露出的那种凌厉口吻看，颇有点像李白那类夸张的干谒文字，恐怕他在性格上也有易于得罪权贵的弱点。果然，安史之乱爆发后，他离职避难，于肃宗至德元载（756）返回江东，也就是他原来任江宁丞时活动的区域，但又不知因何事得罪了当时的濠州刺史闾丘晓，被其所害。因闾丘晓于至德二载（757）十月被杀，所以王昌龄遇害当在此前。

王昌龄的一生除早期躬耕时期较为安定外，长期动荡不安。赴西域漫游虽然客观上给他的诗歌创作带来了奇气，但恐怕也是无奈的选择。此后两番遭贬，最终死于权臣之手，他并不长的一生充满了悲剧色彩。正是这样一位命运多舛的诗人，开启了盛唐气象。王昌龄有"诗家天子"的美誉，虽然在后人眼里，他的诗与同代的王维、李白等相比略逊一筹。但要注意到的是，他于开元十四年（726）结束自己的两次漫游时，李白才刚刚离开四川沿长江一线游历，而王维则要到十年后才有机会得见西域奇景。因此，他对盛唐诗坛的影响力较早，在题材方面他最大的贡献是边塞诗，略及送别诗和闺怨诗，部分创作注意到了对民歌的吸收；在体裁方面则以七言绝句最为人称道，故又有"七绝圣手"之称；在技巧方面，他进一步拓宽了诗境，并探索了在更阔大的境界中如何使用相应意象；此外，在诗歌理论方面也留下了《诗格》这一著作——这些都足以使他在高手如林的盛唐诗坛博得一席之地。

目前可考的王昌龄与李白的会面发生在开元二十七年至二十八年间，他们在巴陵短暂相见，王昌龄临别赋诗，两年后李白就进入长安供奉翰林。天宝三载（744）李白离开长安，该年王昌龄曾短暂逗留此间，但不知是否相遇。不过李白没有忘记这位诗坛前辈，当天宝八载（749）王昌龄被贬为龙标尉时，他写下这样的诗句："杨花落尽子规啼，闻道龙标过五溪。我寄愁心与明月，随君直到夜郎西"（《闻王昌龄左迁龙标遥有此寄》）。和当年王昌龄的赠诗一样，也是一首七绝，我们从中除了能看到更为纯熟精湛的诗艺外，更能看到两人之间的深厚情谊，要知道此时的王昌龄可是"谤议沸腾"！只可惜，若干年后的李白竟然也落得流放夜郎的下场——王、李二人，不可谓"无缘"矣！

思考与练习

一 积累：

1. _____，天子非常赐颜色。

2. 杀气三时作阵云，_____。

3. 忽如一夜春风来，_____。

4. _____，春风不度玉门关。

5. 大漠孤烟直，_____。

6. 山光忽西落，_____。

7. "闻道龙标过五溪"中的"龙标"是指_____。

二 活动：

你去过哪些地方？选择你最喜欢的一个，找出与它有关的唐朝山水诗，结合你自己的经历，做一下点评，并与大家交流。

三 探究：

"胡"，是边塞诗中出现频率较高的一个字。在我们的现实生活里面，有很多带"胡"字的词语依旧存在，试着探究一下，做一下分析。

词语：

分析：

_____

_____

_____

_____

_____

第三单元

古典诗歌的高峰

——盛唐诗坛（下）

单元导读

什么是仙？什么是圣？

对于仙，有很多说法，有的说是经过修炼到了一定境界的人，有的说是和自然和谐相处的人，不管怎么说，仙和神还是有区别的，至少"仙"字的左半是个人字。

李白之所以被称为"诗仙"，一方面是因为他崇尚道家甚至还正式做过道士，另一方面，他在诗歌技艺上达到了出神入化的境界，纵情山水，仗剑天涯，洒脱豪放，以至贺知章初次见面就称许他为"谪仙人"。他的诗确实带着一股子仙气，以前酒店外面喜欢挂"太白遗风"的酒旗，那感觉，就是青莲居士的范儿。就连他的逝去，也是极富诗意的——采石矶捞水中月，失足落水而去。"仙逝"，确实，他是真正地把自己融入自然了。

这样仙风道骨的才子，不叫"诗仙"叫什么？

李白的诗歌如仙，是那种"君不见，黄河之水天上来"的万丈豪情，是那种"挥手自兹去，萧萧班马鸣"的真挚友谊，是那种"空中闻天鸡"的奇丽想象，是"天子呼来不上船，自称臣是酒中仙"的狂傲，是"仰天大笑出门去，我辈岂是蓬蒿人"的自信，这是一种发自骨子里的浪漫；而称为"诗圣"的杜甫，又是另外的一种模样了。

"忆年十五心尚孩，健如黄犊走复来。庭前八月梨枣熟，一日上树能千回"——看了这话，你会想，这么顽皮的一个小孩，是谁啊？

是杜甫。

"国破山河在，城春草木深""朱门酒肉臭，路有冻死骨"……看到这些语句，你会不由得想到一个词：忧国忧民。是的，杜甫就是这样的一种人，对于现实社会的关注，让他有了"诗圣"的头衔，而他的诗，也就成了一部"诗史"。

什么是圣？

杜甫的思想核心是儒家的仁政思想，他有"致君尧舜上，再使风俗淳"的宏伟抱负。我们不要只看到"飘飘何所似，天地一沙鸥"中对于晚年颠沛的感慨，也要看到"会当凌绝顶，一览众山小"的那种睥睨天下、勇于进取的豪情。其实，杜甫一生经历很多，看尽了繁华，也经历了苦难。名人杜预、杜审言之后，诗书传家，世代为官，使他有济世之志；壮游天下，感受了山河的壮丽；战乱流离，激发了他的仁者之心。于是，哪怕是自家屋顶的茅草都被秋风吹走了，还能够想着天下的寒士；临终时，在一条破船之上还念念不忘"战血流依旧，军声动至今"。

"才德全尽谓之圣人"，"圣人"这个词语出于儒家对"止于至善"的人格追求，坚守儒家、才德兼备的杜甫，确实是不愧于这个盛名的。

李白和杜甫，相差十二岁，只有短短数次会面，也许他们自己也不曾料想，他们最终成为唐代诗坛乃至中国文学史上最耀眼的"双子星座"。

选文部分

1.李 白

古风五十九首（选二）

其二十六

与王维笔下"纷纷开且落"的辛夷不同，李白所要描摹的，是虽然艳丽馨香却无人欣赏，默默凋零，因而感到不甘的荷花。其实大家很明白，这是他自己的写照——一个直到五十九岁还想着为国出征的诗人。

碧荷生幽泉，朝日艳且鲜①。

秋花冒绿水，密叶罗青烟②。

秀色空绝世，馨香竟谁传？

坐看飞霜满，凋此红芳年。

结根未得所，愿托华池边③。

---

①这两句诗的意思是：碧绿的荷叶生长在幽静的泉水里，朝阳初升，艳丽而鲜亮。　②这两句诗的意思是：秋天到来，荷花从清澈的水中绽放；荷叶如青烟般袅袅罗织。　③这两句诗的意思是：（荷花空自零落）是因为其根生非其所，希望它能够生长在华池边。华池，传说中昆仑山上的仙池，这里显然指的是政治中心。

其三十八

这首诗读来很容易让人想起屈原的香草，乃至陈子昂和张九龄的某些《感遇》诗。独具美质，却无人赏识，加以小人谗毁，遗憾叹恨一腔热血无处可用。如果再想到人生短暂，时光易逝，真要让人"气结不能言"了。

孤兰生幽园，众草共芜没。

虽照阳春晖，复悲高秋月。

飞霜早淅沥①，绿艳恐休歇。

若无清风吹，香气为谁发？

月下独酌四首（其一）

花、月、酒、我、影，彼此相融，好像本该如此。自然本是李白眼中的另一个自我，是一个放大了的因而无限的自我，而酒则是沟通其间的重要媒介。这当中存在永恒。

花间一壶酒，独酌无相亲。

举杯邀明月，对影成三人②。

月既不解饮，影徒随我身③。

暂伴月将影，行乐须及春④。

---

①淅沥：拟声词，雨、雪等的声响。　②这两句诗的意思是：举起酒杯，邀来明月共饮；俯对身影，与月、我恰成三人。　③这两句诗的意思是：月亮已然不懂饮酒，影子也只是紧随我的身体。这两句又回复到了现实的寂寞。　④这两句诗的意思是：暂且以月与影为伴，行乐一定要趁大好春光（青春年华）。将，和。

我歌月徘徊，我舞影零乱。

醒时同交欢①，醉后各分散。

永结无情游，相期邈云汉②。

春　思

草长草枯是自然的法则，只是因为有了人的心思就寄托了情思，尤其在春天。那些闺中的女子，想着自己的"良人"，远隔千山万水，不知生死，于是，闺怨相思油然而生。大男人李白能写出这样的一首诗来，可见诗心细腻之处。侠骨，也是有柔情的。

燕草如碧丝，秦桑低绿枝③。

当君怀归日，是妾④断肠时。

---

①交欢：一起欢乐。　②这两句诗的意思是：愿与月、影长期忘情而游，约定将来去遥远的银河。无情，忘情。云汉，银河。　③这两句诗的意思是：（男子所在之）燕地春草，已如满地绿丝；（思妇所在之）秦地桑叶，层层压弯枝条。　④妾：古代妇女自称。

春风不相识，何事入罗帏①？

久别离②

据章培恒、骆玉明《中国文学史新著》的说法，这是李白收到久留吴地的刘姓妻子的诀别信后写的一首诗，痛苦而至于断肠，真是让人感慨——侠客般的李白终究也有其柔情的一面。五年未回，妻子的处境可想而知，因此傲气的李白没有责怪对方无情，只是遗憾对方始终不能西来团聚。结尾那些寂寞的落花与青苔，显得那样安静与忧伤。

别来几春未还家，玉窗五见樱桃花③。

况有锦字书④，开缄使人嗟。

此肠断，彼心绝⑤。

云鬟绿鬓罢梳结，愁如回飙乱白雪⑥。

去年寄书报阳台，今年寄书重相催⑦。

东风兮东风，为我吹行云使西来。

待来竟不来，落花寂寂委⑧青苔。

---

①何事：为什么。罗帏：丝织的帘帐。　②久别离：乐府旧曲。　③樱桃花：即樱桃树开的花，唐代有不少作品提到樱桃花，但它与樱花并非一物。　④锦字书：晋时窦滔远在边地，其妻苏蕙因思念丈夫，在锦缎上绣了许多回文诗给他，后以此泛指妻子寄给丈夫的信。　⑤这三句诗的意思是：（五年彼此未见，已十分感伤）何况妻子来信，打开看后令我叹息。（原来是一封要求离异的信）至此她彻底断绝了这份情意，令我伤心断肠。缄（jiān），书信。　⑥这两句诗的意思是：（她那）如云一般多的黑发，（因为悲伤）已经许久没有梳起来了，她的愁绪就像狂风吹乱回旋纷飞的白雪。鬟（huán），环形的发髻，这里与"鬓"都泛指女子的头发。　⑦这两句诗的意思是：去年她就来信希望我快点回去（与她相会），今年又来信催促我早日回去。阳台，宋玉《高唐赋》中说，楚王曾梦见巫山神女，与之欢会，离别时神女说："妾在巫山之阳，高丘之阻，旦为朝云，暮为行雨。朝朝暮暮，阳台之下。"这里即以"阳台"表示妻子的所在地。　⑧委：堆积。一说，通"萎"，枯萎。

寄东鲁二稚子

李白在求取功业的道路上屡遭失意，又无暇顾及自己的两个孩子，他自觉有愧，思念极深。从这首在金陵写下的满怀深情的诗中，我们可以看到一个温情脉脉的李白，一个三年未见儿女而疯狂思念的父亲。儿女的泪水，何尝不是他自己北望而流下的呢？难怪南风起时，其心也向北归去。

吴地桑叶绿，吴蚕已三眠。

我家寄东鲁，谁种龟阴田①？

春事②已不及，江行复茫然。

南风吹归心，飞堕酒楼前。

楼东一株桃，枝叶拂青烟。

此树我所种，别来向三年。

桃今与楼齐，我行尚未旋。

娇女字平阳，折花倚桃边。

折花不见我，泪下如流泉。

小儿名伯禽，与姊亦齐肩。

双行桃树下，抚背③复谁怜？

念此失次第，肝肠日忧煎④。

裂素写远意，因之汶阳川⑤。

---

①龟阴田：本指泰山博县北龟山北面的农田，这里李白用以泛指其在山东购置的田地。　②春事：即开春播种等农事。　③抚背：抚摩孩子的背部，这里指代对孩子的关爱和亲昵。　④这两句诗的意思是：想到这些，思绪像失去了次序一样散乱，内心每天都像被煎熬一样忧虑。　⑤这两句诗的意思是：准备纸笔抒写远方的思念，凭借这封信仿佛回到了汶河边。裂素，本义是撕开白色的绢帛，因纸张通行前曾以绢帛作为书写材料之一，这里指的是准备好纸笔写信。因，介词，凭借。之，动词，到。

下终南山过斛斯山人宿置酒①

"终南捷径"有多少人最后成功呢？明乎此，也许光看这个题目就很有象征意义。终于走下终南山，可以好好看看自然的馈赠，去真正的隐士那里，喝一夕酒，唱一曲歌，生活可以回到它应该的样子。从这首诗里，敏感的人或许还会发现陶渊明及其《归去来兮辞》的影子。

暮从碧山下，山月随人归。

却顾所来径，苍苍横翠微②。

相携及田家，童稚开荆扉。

绿竹入幽径，青萝拂行衣。

欢言得所憩③，美酒聊共挥。

长歌吟松风，曲尽河星稀④。

我醉君复乐，陶然共忘机⑤。

关山月

风花雪月，本来就是诗人眼中笔下的爱物，只是在天山这个孤冷的地方，便有了一种硬硬的感觉了。那月下的天山、关隘，用一个"边色"来说，点明了环境的特别之处，正是对应了"戍客"的身份，在高楼之上四顾茫茫，令人不觉悲从中来。

---

①题目的意思是：从终南山上下来，去拜访一位复姓斛（hú）斯的隐士，在他处留宿，他已备好了酒。
②这两句诗的意思是：停步回望，来时之路；暮色苍茫，青山横亘。　③憩（qì）：休息。　④这两句诗的意思是：山风时来，松涛阵阵，放声吟唱；一曲终了，夜深人静，星光黯淡。　⑤陶然：醉后愉快的样子。忘机：忘却利益之心，这里指忘怀一切忧愁烦恼。

明月出天山，苍茫云海间。

长风几万里，吹度玉门关。

汉下白登道，胡窥青海湾①。

由来②征战地，不见有人还。

戍客③望边色，思归多苦颜④。

高楼当此夜，叹息未应闲⑤。

将进酒⑥

有多少次，我们在大河之畔发出由衷的感叹？有多少次，在豪饮之际，一滴泪滑落眼角？对自我的肯定，对人生的追求，对现状的超然或无奈，很多的情绪，或者就在这觥筹交错之间，化解了，成了云烟，成了诗句和相顾一笑。

君不见黄河之水天上来，奔流到海不复回。

君不见高堂明镜悲白发，朝如青丝暮成雪。

人生得意须尽欢，莫使金樽空对月。

天生我材必有用，千金散尽还复来。

烹羊宰牛且为乐，会须⑦一饮三百杯。

岑夫子、丹丘生⑧：将进酒，杯莫停。

---

①这两句诗的意思是：汉代时高祖曾出兵攻打匈奴，结果在白登山被围困；现在的吐蕃又觊觎青海的土地。　②由来：从来。　③戍客：驻守边塞的士兵。　④苦颜：愁苦的容颜。　⑤这两句诗的意思是：思妇在高楼，当这易触景生情的夜晚，她的叹息该是不会停止的。　⑥将（qiāng）进酒：本是乐府旧曲，内容多是饮酒放歌，李白在内容上有继承也有所改变。　⑦会须：正应当。　⑧岑夫子、丹丘生：即岑勋、元丹丘，都是李白的好友。

与君歌一曲，请君为我倾耳听。

钟鼓馔玉①不足贵，但愿长醉不复醒。

古来圣贤皆寂寞，唯有饮者留其名。

陈王昔时宴平乐，斗酒十千恣欢谑②。

主人何为言少钱，径须沽取对君酌。

五花马，千金裘，

呼儿将出换美酒，与尔同销万古愁。

行路难③

行路，对于川人，对于有着游侠之气的太白来说，其实并不会是难事。但是人生的路呢？那就一言难尽了。有着济世之志的他，在心高气傲之后，只有一次次的碰壁，于是"不能食"，于是"心茫然"。但是，李白毕竟是李白，最后的一句，多么让人充满希望和力量！

金樽清酒斗十千，玉盘珍馐④值万钱。

停杯投箸⑤不能食，拔剑四顾心茫然。

欲渡黄河冰塞⑥川，将登太行雪满山。

闲来垂钓碧溪上，忽复乘舟梦日边⑦。

①钟鼓馔玉：泛指贵族的奢华生活。钟鼓，富贵人家宴会时用的乐器。馔玉，精美的饭食。　②这两句诗的意思是：过去曹植在平乐观举行酒宴，有美酒一万斗，使座客纵情欢饮玩笑。陈王，即曹植。平乐，即平乐观（guàn），曹植在《名都篇》中有"归来宴平乐，美酒斗十千"的句子。恣（zì），放纵。谑（xuè），玩笑。　③行路难：乐府旧曲，内容多抒发世事艰难和离别感伤。　④珍馐（xiū）：珍贵奢华的菜品。　⑤箸（zhù）：筷子。　⑥塞（sāi）：阻隔。　⑦这两句诗分别化用了姜子牙和伊尹的典故，前者在垂钓时得遇文王，后者在梦见乘船经过日月后被汤任用。这表明，抒情主人公依然怀有政治抱负。

行路难，行路难！多歧路，今安在？

长风破浪会有时，直挂云帆济^①沧海。

客中作

看来，古代的生活中，酒能给人带来很多遐想。在交通、信息不便的古时候，作为旅人，一杯入口感觉就更有无限的意味了。或许我们的生活简单一点，想象和感情会更多一些。

兰陵美酒郁金香，玉碗盛来琥珀光^②。

但使主人能醉客，不知何处是他乡。

宣城见杜鹃花

杜鹃啼血的典故就自蜀地而出，李白一生漂泊，似乎给人以四海为家的感觉，但当看见杜鹃花与杜鹃鸟一齐出现，他却还是忍不住思念起生活了二十多年的蜀地来。三、四对句，浑然天成。

蜀国曾闻子规鸟，宣城还见杜鹃花。

一叫一回肠一断，三春三月忆三巴。

---

①济：渡过。　②这两句诗的意思是：兰陵的美酒是用郁金制成的香料酿制的，用玉质的酒碗盛起来，泛着琥珀色的光泽。郁金，是一种姜科植物，与现在作观赏的郁金香（百合科）不是一种植物。

南流夜郎寄内

李白流放夜郎期间的妻子是前宰相宗楚客的孙女，她曾经在李白因加入李璘幕府被捕后极力营救。从诗中看，对于在江西的妻子，他思念很深，因为迟迟没有收到来信，焦急不已。可惜他后来回去，似乎还是没有与宗氏团聚。李白的宿命是孤独。

夜郎天外怨离居，明月楼中音信疏。

北雁春归看欲尽，南来不得豫章书①。

赠孟浩然

李白与王维似乎始终没有交集，但于孟浩然却颇为倾心。人们一般认为，他是在寓居湖北安陆期间得以与孟浩然交往的。此时的他内心并不平静，正在频频寻求出仕的机会，因而他对孟浩然的钦美颇有些可望而不可及的意味。事实也证明，李白终究不会成为这样的人。

吾爱孟夫子，风流②天下闻。

红颜弃轩冕，白首卧松云③。

醉月频中圣，迷花不事君④。

---

①这两句诗的意思是：春天到来，大雁北归，眼看都将离去；日日南行，每每期盼，终无妻子来信。豫章，古代郡名，治所在今江西省南昌市。　②风流：指孟浩然潇洒飘逸的人格魅力和杰出不凡的文学成就。　③这两句诗的意思是：年轻时他就放弃了对官位爵禄的追求，（如今）年老（隐居），安然卧于松林白云之下。　④这两句诗的意思是：他常常在月下酣然沉醉，（因为）迷恋山间花草而不去侍奉君主（即出仕）。中圣，即醉酒。

高山安可仰，徒此揖清芬①。

登金陵凤凰台②

　　登高台而望远，望远以怀古，怀古又思今，今安可思？于是宏伟的自然胜景，终究难以抚平作者在理想上的失意与挫折。浮云蔽日，这一被前人使用了多少次的象征着小人充塞朝廷的典故，又被赋予了属于李白自身的意义。

凤凰台上凤凰游，凤去台空江自流。

吴宫③花草埋幽径，晋代衣冠④成古丘。

三山⑤半落青天外，一水中分白鹭洲。

总为浮云能蔽日，长安不见使人愁。

2.杜　甫

春日忆李白

　　唐朝两位最伟大的诗人的相会是那样短暂，对于小李白十二岁的杜甫而言，很长一段时间是仰视对方的。春天到来，杜甫在长安一带，而李白已经在江南漫游了，傍晚时分，宁静如斯，往事涌上心头。

①这两句诗的意思是：（孟先生您）的境界就如高山那样，怎么可以仰视呢？（我）只好在此对着您高洁的品行长揖行礼。清芬，本义是芳香，这里用以形容人的品行高洁。　　②凤凰台：故址在南京凤台山。相传刘宋元嘉年间因异鸟集于山而建。　　③吴宫：三国时孙吴建都金陵。　　④衣冠：指王公贵族。　　⑤三山：山名，原在金陵城西南长江边上，明代修建南京城时将其移除，今存三山街地名。

白也诗无敌，飘然思不群。

清新庾开府，俊逸鲍参军①。

渭北春天树，江东日暮云②。

何时一樽酒，重与细论文。

曲江二首

"一片花飞减却春，风飘万点正愁人"，来到经历盛衰之变的曲江，诗人满心伤悲。

其 一

一片花飞减却春，风飘万点正愁人③。

且看欲尽花惊眼，莫厌伤多酒入唇④。

江上小堂巢翡翠，苑边高冢卧麒麟⑤。

细推物理须行乐⑥，何用浮名绊此身。

①这两句诗的意思是：（李白的作品）如南北朝时期的庾信那样清新自然，像鲍照那样俊朗飘逸。庾信在北周官至骠骑大将军、开府仪同三司，因此称"庾开府"；鲍照在南朝宋时任荆州前军参军，故称"鲍参军"。　②这两句诗的意思是：春天到来，我在渭河以北，李白在江东漫游，彼此思念，举头只见春天逐渐繁茂的树木和傍晚时分天际的浮云。　③这两句诗的意思是：花飞一片，春色减却一分；（何况）风起，万点飘零，正使人愁。　④这两句诗的意思是：暂且看着快要落尽的花朵，让人心惊；酒虽伤人很深，（但心怀愁绪）杯杯入口，难以满足。看（kān），表示"看见"这一词义时现代汉语读kàn，这里使用接近古音的读法，因为下句第二字"厌"是仄声字，为符合声律，这个"看"字根据唐代韵书规定可以读平声。　⑤这两句诗的意思是：曲江池边，昔日楼堂，如今翡翠鸟筑巢；芙蓉苑边，贵人大墓，如今麒麟石像倒卧。苑，指唐长安城东南胜地曲江北岸的芙蓉苑，是盛唐时期重要的皇家园林，安史之乱后曾一度荒废。因此尽管此诗作于长安收复后，这两句写的都是作者来到昔日繁华热闹的曲江边，触目所见的残破之景。　⑥推：推究。物理：景物及其蕴含的情致，这是一个古今异义词。

其 二

朝回日日典春衣，每日江头尽醉归[①]。

酒债寻常[②]行处有，人生七十古来稀。

穿花蛱蝶[③]深深见，点水蜻蜓款款飞。

传语风光共流转，暂时相赏莫相违[④]。

狂 夫

杜甫晚年曾在成都生活过较长时间，虽说时有友人相助，生活却终究清贫艰苦。从诗中看，几个孩子常年饥饿，面色凄凉，读来令人痛心。然而，即使如此，杜甫依然保持狂放的姿态，似乎使我们看到了李白的影子。

万里桥西一草堂，百花潭水即沧浪[⑤]。

风含翠筱[⑥]娟娟静，雨浥红蕖冉冉香[⑦]。

厚禄故人书断绝，恒饥稚子色凄凉[⑧]。

欲填沟壑唯疏放，自笑狂夫老更狂[⑨]。

---

①这两句诗的意思是：每天上朝回来，都要去典当春天的衣服（以维持生计）；每日都到曲江边赏玩，大醉而归。　　②寻常：经常。也有人认为"寻常"是数词，"寻"是八尺，"寻"的一倍称为"常"，这样说使其能够与下一句"七十"这一数词构成对仗，这句诗的意思就是到处有很多酒债，亦通。　　③蛱（jiá）蝶：即蝴蝶。　　④这两句诗的意思是：（我要）转告春光让她随我一起盘桓游玩，暂时眷顾我而不要离我而去。　　⑤这两句诗的意思是：在万里桥西侧有一处草堂（就是我的家），（附近的）浣花溪虽小，却足以成为我心中的沧浪。沧浪，《孟子》有"沧浪之水清兮，可以濯我缨"，这里代指隐逸之心。　　⑥翠筱（xiǎo）：清翠的细竹。　　⑦浥（yì）：润湿。冉冉：这里是香气淡雅缠绵的样子。　　⑧这两句诗的意思是：那些如今高官厚禄的老朋友早与我断绝了书信往来，我那常年忍饥挨饿的孩子总是脸色凄凉。　　⑨这两句诗的意思是：（我已经是）快要死去的人了却只是一味疏阔放纵，嘲笑自己这个狂夫到老了反而更狂了。填沟壑，穷人去世只能随意埋入沟中，故以此来代指死去。

秋兴八首（其四）

　　《秋兴八首》是杜甫于大历元年（766）秋在夔州期间写作的一组重要的七律作品，第四首是组诗过渡到表达对长安复杂情感的一首。几年来，安史之乱的创伤尚未抚平，吐蕃侵扰又使帝国雪上加霜。杜甫试图将个人凄苦漂泊的经历与王朝乃至天下苍生的苦难忧虑结合在一起。诗歌自魏晋以来已成为抒写个人情怀的重要工具，杜甫的创作又把对家国天下的关怀与个体精神融为一体，形成感时忧世的文学传统。

闻道长安似弈棋，百年世事不胜悲①。

王侯第宅皆新主，文武衣冠异昔时。

直北关山金鼓振，征西车马羽书驰②。

鱼龙寂寞秋江冷，故国平居有所思③。

漫成一绝

　　杜甫写的绝句较少，且多戏作和炫技之作。这就是一首全用对仗、一句一绝的特殊绝句。四句全是描摹江景，江上之月、船上之灯、沙岸的鹭鸶和新捕的鲜鱼，彼此独立，又联结为一幅江上夜景图。

江月去人只数尺，风灯④照夜欲三更。

---

①这两句诗的意思是：听人们说长安城内（政局依旧）如下围棋一样（暗流涌动，你争我夺）；百年以来，世事沧桑，让人产生无限悲凉。不胜（shēng），承受不了。　　②这两句诗的意思是：当年长安以北安史之乱的战事频仍，后来西征对抗吐蕃的军情紧急。　　③这两句诗的意思是：秋江水寒，我如水中鱼龙般蛰伏边地；在这秋日对曾居住多年的长安城起了思念担忧之情。　　④风灯：船家使用的有防风罩的灯。

沙头宿鹭联拳①静，船尾跳鱼拨剌②鸣。

梦李白二首（其二）

　　伟大的友谊，可以产生在两个巨人之间，比如说，李白和杜甫，因为缘分、爱好和理想，这一段友谊佳话流传千古。在这首如对话如谈心如反问的诗歌中，我们能读出为何而梦，也一定会被这建立在相互理解、欣赏的基础上的友情所感动。

浮云终日行，游子久不至。

三夜频梦君，情亲见君意③。

告归常局促，苦道来不易④。

江湖多风波，舟楫恐失坠。

出门搔白首，若负平生志。

冠盖满京华，斯人⑤独憔悴。

孰云网恢恢，将老身反累⑥。

千秋万岁名，寂寞身后事。

①联拳：叠韵的联绵词，弯曲的样子。　②拨剌（là）：拟声词，鱼拍打水面的声音。　③这两句诗的意思是：近来夜晚频频梦见您，可见您对我的思念之情是多么深切。　④这两句诗的意思是：我们告别时你总是匆忙不安，苦苦说道见面不容易。　⑤斯人：指李白。　⑥这两句诗的意思是：谁说天网恢恢呢？李白将老的时候却因永王李璘之事被捕下狱，名声受到玷污。

乾元中寓居同谷县作歌七首（选二）

其 一

正如写饥饿无人能及陶渊明，写逃难也很少有人能像杜甫那样沉痛真实。安史之乱期间，杜甫是饱尝了流落街头、避乱荒山、冻馁落魄、孤独无依的苦涩。

有客有客字子美，白头乱发垂过耳。

岁拾橡栗随狙公①，天寒日暮山谷里。

中原无书归不得，手脚冻皴②皮肉死。

呜呼一歌兮歌已哀，悲风为我从天来。

其 七

安史之乱，对许多人来说，是一次新的机会，李白的不少旧友就借此登上高位，潦倒的杜甫心中想必五味杂陈。过去的岁月，他不愿意提起，也许未来还需要新的幻想。

男儿生不成名身已老，三年饥走荒山道。

长安卿相多少年，富贵应须致身③早。

山中儒生旧相识，但话宿昔④伤怀抱。

呜呼七歌兮悄终曲，仰视皇天白日速。

---

①橡栗：栎树的果实，含淀粉，常作为补充性粮食。狙（jū）公：养猴的人。　②皴（cūn）：手脚受冻而开裂。　③致身：这里指出仕。　④宿昔：过往。

新编中华文化基础教材·第十三册

佳 人

这首诗刻画了一位出身较高而遭遇安史之乱后陷入穷困，又被丈夫抛弃，与女仆相依为命的美人形象。在感慨世态炎凉的同时，也暗含着对本心的坚守。其实，明眼人都能体会到，这何尝不是作者的自我写照呢？

绝代有佳人，幽居在空谷。

自云良家子①，零落依草木。

关中昔丧败②，兄弟遭杀戮。

官高何足论，不得收骨肉。

世情恶衰歇，万事随转烛③。

夫婿轻薄儿，新人已如玉。

合昏④尚知时，鸳鸯不独宿。

但见新人笑，那⑤闻旧人哭。

在山泉水清，出山泉水浊。

侍婢卖珠回，牵萝补茅屋⑥。

摘花不插发，采柏动盈掬⑦。

天寒翠袖薄，日暮倚修竹。

①良家子：出身良家的子女。　②丧败：丧乱，这里指安史之乱。　③这两句诗的意思是：一旦失势，世人纷纷厌弃；世事变幻，宛如风中之烛。　④合昏：同"合婚"，结婚。　⑤那：同"哪"，哪里。　⑥这两句诗的意思是：侍女卖掉珠宝回来，又用萝草来修补茅屋。　⑦这两句诗的意思是：摘下花朵，却不用来装饰头发；采摘柏实，一会就能摘下一大捧。掬，量词，两手合捧的量。

百忧集行

　　童年不再，青春流逝，生命力已大不如前，为了糊口，只能过寄人篱下的生活，家中赤贫，妻子愁而不怪，心中稍慰，可是孩子却并不懂得其中苦楚，只是一味哭喊着要吃饭。我们最伟大的诗人之一，晚景竟然凄凉如此！而再看此诗开头四句，不知能否看到一抹凄凉微笑背后的泪花？

忆年十五心尚孩，健如黄犊走复来。

庭前八月梨枣熟，一日上树能千回。

即今倏忽已五十，坐卧只多少行立。

强将笑语供主人，悲见生涯百忧集①。

入门依旧四壁空，老妻睹我颜色同②。

痴儿未知父子礼，叫怒索饭啼门东。

观公孙大娘弟子舞剑器行（并序）③

　　这是一篇沉痛的作品，童年时的一次观赏，让五十年后的自己得以与盛世相通。与李十二娘的对话想必是愉快的吧。然而现实残酷，玄宗已然去世五年多了，有幸经历开元盛世的自己也穷困不堪，一切似乎都是一场幻梦。杜甫通过抒发个人的忧伤，再一次描绘了帝国的痛楚。

---

①这两句诗的意思是：强作笑容，以取悦那些提供自己生活来源的人；（已经五十岁了）却悲哀地发现自己的生命充满了各种忧愁哀恨。　②这两句诗的意思是：进入家门，四墙依然空空；老妻与我，彼此相对共愁。颜色，神色，这里特制忧愁。　③公孙大娘是玄宗开元年间红极一时的舞蹈家，擅长剑器舞和浑脱舞等，杜甫六岁时曾亲眼目睹公孙大娘表演。五十年过去了，盛世不再，自己也潦倒漂泊，当再次看见公孙大娘的弟子李十二娘表演，勾起了杜甫童年的回忆。

大历①二年十月十九日，夔府别驾元持宅②，见临颍③李十二娘舞《剑器》，壮其蔚跂④，问其所师，曰："余公孙大娘弟子也。"开元三载，余尚童稚，记于郾城⑤观公孙氏舞《剑器》《浑脱》，浏漓顿挫⑥，独出冠时⑦。自高头宜春、梨园二伎坊内人，泊外供奉，晓是舞者，圣文神武皇帝初，公孙一人而已⑧！玉貌锦衣，况余白首⑨！今兹弟子，亦匪盛颜⑩。既辨其由来，知波澜⑪莫二。抚事慷慨⑫，聊为《剑器行》。昔者吴人张旭善草书书帖⑬，数尝⑭于邺县见公孙大娘舞《西河剑器》，自此草书长进，豪荡感激⑮，即公孙可知矣⑯。

> 昔有佳人公孙氏，一舞剑气动四方。
>
> 观者如山色沮丧，天地为之久低昂⑰。
>
> 㸌如羿射九日落，矫如群帝骖龙翔⑱。
>
> 来如雷霆收震怒，罢如江海凝清光⑲。
>
> 绛唇珠袖两寂寞，况有弟子传芬芳。
>
> 临颍美人在白帝，妙舞此曲神扬扬。
>
> 与余问答既有以，感时抚事增惋伤⑳。

---

①大历：唐代宗的年号，大历二年是767年。　②别驾：唐代州刺史的属下。元持：人名。　③临颍：今河南省临颍县，这是李十二娘的籍贯。　④蔚跂（qǐ）：绚丽雄健。　⑤郾（yǎn）城：今河南省郾城县，杜甫六岁时曾寓居于此。　⑥浏漓：飘逸活泼。顿挫：跌宕起伏，富于节奏感。　⑦独出：独树一帜。冠时：冠于当时，在当时是第一。　⑧这句话的意思是：从皇帝亲自管理的宜春院和梨园两处宫廷教坊里的舞者，到宫外教坊中的舞者，精通这种舞蹈的，玄宗初年，只有公孙大娘一人罢了。高头，皇帝面前。泊（jì），到。　⑨这句话的意思是：当初的公孙大娘貌美如玉，身着华丽的服饰，何况（当初六岁的我）现在已经白发苍苍。（她就更不用说了！）　⑩匪：不是。盛颜：年轻的样子。　⑪波澜：这里指舞蹈风格。　⑫慷慨：感慨良多。　⑬张旭：唐代著名书法家，尤以草书著名，被称为"草圣"。书帖：书写可以作为范本的书法作品。　⑭数（shuò）尝：曾经几次。　⑮感激：激荡人心。　⑯这句话的意思是：（张旭能够在其舞蹈中领会草书的奥妙与真谛）那么公孙大娘的舞技可想而知了。　⑰这两句诗的意思是：（公孙大娘的舞剑气势）让如山的观众（一时因受到压抑而）情绪低沉，甚至天地似乎都随其剑舞而时高时低。　⑱这两句诗的意思是：剑光闪耀，宛如羿射九日；矫健翻飞，似群神驾龙飞翔。㸌（huò），光芒闪烁的样子。骖（cān），动词，驾驭。　⑲这两句诗的意思是：鼓声如雷震怒一般，忽然止息，舞剑开始；一段舞停，剑光凝滞，宛若江海之上，水天一色。　⑳这两句诗的意思是：李十二娘谈话后我已经知道了她的大致经历，感慨昔日盛衰之事，想到今天能够再见她跳起剑器舞，更加惋惜感伤。

先帝侍女八千人，公孙剑器初第一。

五十年间似反掌，风尘澒洞昏王室①。

梨园子弟散如烟，女乐余姿映寒日②。

金粟堆南木已拱，瞿唐石城草萧瑟③。

玳筵急管曲复终④，乐极哀来月东出。

老夫不知其所往，足茧荒山转愁疾⑤。

①这句诗的意思是：安史之乱的硝烟弥漫无际，使朝廷陷入一片昏暗。澒（hòng）洞，蔓延、弥漫的样子。　②这两句诗的意思是：当初的梨园艺人像烟尘一样（随着安史之乱的爆发、玄宗的去世）而离散，今天李十二娘所展现的当年留下的舞姿与十月有些寒意的阳光相映衬。　③这两句诗的意思是：（五年多了）金粟山下玄宗皇帝泰陵的树木都已经合抱粗了，（而我所寓居的）瞿塘峡边的夔州城一片草色萧条。　④玳（dài）宴：指华丽的宴会，即自己参加的这场宴会。急管：急促的管乐声。　⑤这两句诗的意思是：（宴会后，因为看到李十二娘的舞剑而感慨万千，心情激动）我都不知道走向哪里，岁月沧桑，脚上满是老茧，走在荒山间，家国个人的愁绪一时涌上，反而走得更快了。

文史知识

李白与杜甫的相遇

中国诗歌史上，没有谁能够与李白、杜甫相提并论，韩愈说"李杜文章在，光焰万丈长"。这说明在中唐时人们就习惯将他们二人并置于诗歌创作的巅峰。其实，李白与杜甫除了近十二岁的年龄差距以及仙风道骨与衣冠儒风的思想差异外，在诗歌创作上也有分野。李白诗歌的突出成就在于乐府歌行和七言绝句，杜甫的突出成就在于近体诗。这说明，他们在诗歌传统的继承上有所偏重。李白更多地继承了南北朝以来的乐府诗传统，他的代表作有相当部分是乐府、乐府新题或自创歌行；而在近体诗方面主要是七绝。杜甫的歌行作品虽然也质量上乘，但他最为自信、对后世影响最大的莫过于律诗（其中包括排律）。也许可以笼统地说，李白更多地是继承南北朝乐府诗传统，并且凭借无人能敌的天赋将其发展到极致。而杜甫则是沿着南朝诗歌声律化的传统步步前行，终于超越前人，达到了近体诗创作的顶峰。

因此，当这两位诗坛圣手终于有缘会面时，人们有理由为之疯狂。著名的唐诗研究专家闻一多先生在《杜甫》一文中就毫不掩饰内心的激动："写到这里，我们应该品三通画角，发三通擂鼓，然后提起笔来蘸饱了金墨，大书而特书。因为我们四千年的历史里，除了孔子见老子（假如他们是见过面的），没有比这两人的会面，更重大，更神圣，更可纪念的。"他们是在天宝三载（744）春夏之际，在东都洛阳初次相见的。四十四岁的李白虽然早已名扬天下，但此时的他刚刚被迫离开长安，心情低落；三十三岁的杜甫则屡试不中，此时也沉沦其间。二人因何相见，如今已不得而知。我们只知道，他们并非点头之交，而是彼此倾心的。此后，他们结伴东行，在梁、宋一带（大约是今河南商丘一带）漫游，参与其中的还有著名诗人高适。梁园曾是著名的园林，如今志向未伸的三人来此凭吊，当然十分感慨。直至晚年，杜甫依然念念不忘："昔者与高李，同登单父台。寒芜际碣石，万里风云来。"（《昔游》）"忆与高李辈，论交入酒垆。两公壮藻思，得我色敷腴。气酣登吹台，怀古视平芜。"（《遣怀》）从中可见他们交情之深，也可见彼此心境略同。

杜甫对李白的第一印象与当初贺知章一样，认为李白是一位颇具神仙气的逸士。也许政治上的幻灭激活了李白积存已久的道教情怀，杜甫此时反复提及的是寻仙问道炼丹之事。如第一首《赠李白》"秋来相顾尚飘蓬，未就丹砂愧葛洪"，第二首《赠李白》依然提及："岂无青精饭，使我颜色好。苦乏买药资，山林迹如扫。李侯金闺彦，脱身事幽讨。亦有梁宋游，方期拾瑶草。"丹砂、葛洪、青精饭、买药、瑶草都与道教有关，从杜甫的诗意看他们两人似乎都有学道之志，只是后来李白在山东正式成为道教徒，而杜甫始终没有这样做。

李白也许在鲁地有产业，从他《寄东鲁二稚子》中可以看出，因此之后李白与杜甫又在今山东一带逗留许久。他们的友谊又进了一步："醉眠秋共被，携手日同行。"（杜甫《与李十二白同寻范十隐居》）此时他们在诗歌创作上大约有了深入的交流，当然察觉了彼此的不同，李白的纯出天然与杜甫的苦吟就不一样，于是李白有《戏赠杜甫》："饭颗山头逢杜甫，顶戴笠子日卓午。借问别来太瘦生，总为从前作诗苦。"[1]李白敏锐地察觉了杜甫作诗的风格，用开玩笑的口吻调侃了几句，不少尊崇杜甫的后人因此大为不满。其实这恰是两人友谊甚笃的表现，不能开玩笑的朋友算什么朋友呢？

当两人终于要别离时，李白颇为不舍："醉别复几日，登临遍池台。何时石门路，重有金樽开。秋波落泗水，海色明徂徕。飞蓬各自远，且尽手中杯。"（《鲁郡东石门送杜二甫》）很少写五律的他以此送别杜甫。从此，二人再也没有相见。这多少有些令人惆怅，但世事难料，也许他们分别时也没有想到。

此后的岁月里，李白由于草率投效永王李璘幕府，永王遭肃宗镇压后他也受到清算，流放夜郎。值得玩味的是，朝廷派来处理此案的主管正是高适。自身难保的杜甫大约能够得到李白的消息，因此他常常表达自己的关切："凉风起天末，君子意如何。鸿雁几时到，江湖秋水多。文章憎命达，魑魅喜人过。应共冤魂语，投诗赠汨罗。"（《天末忆李白》）也许李白此时的境遇很糟，使杜甫很为之不平，说天才往往命运不好，那些小人喜欢捕风捉影；又把李白比作屈原，可见他是相信并且支持李白的。李白遭流放后，有一段时间断绝了音讯，杜甫甚至频频梦见他："江南瘴疠地，

---

[1]这首诗没有收入李白的诗集，而是收入于唐代孟棨《本事诗》一书中。

逐客无消息。故人入我梦，明我长相忆"（《梦李白》其一），"三夜频梦君，情亲见君意"（《梦李白》其二）。杜甫为李白晚年遭此大难而感到难过，也为他的诗才而感到惋惜："冠盖满京华，斯人独憔悴。孰云网恢恢，将老身反累。千秋万岁名，寂寞身后事。"（《梦李白》其二）他已经预言了李白身后的盛名，但无法解脱当世的痛苦。其实，他感慨李白的同时，何尝不为自己的漂泊孤苦自伤呢？诗人本色的杜甫也许越到晚年越体会到，只有真正的诗人才能达到彼此理解。因此，当迟迟得不到李白的消息时，他有些焦虑："不见李生久，佯狂真可哀。世人皆欲杀，吾意独怜才。敏捷诗千首，飘零酒一杯。匡山读书处，头白好归来。"（《不见》）天才落得装疯卖傻的下场，真令人寒心！杜甫好似招魂一般期盼着李白的归来，因为他的孤独是那样深重："乱离朋友尽，合沓岁月徂。吾衰将焉托，存殁再鸣呼。萧条益堪愧，独在天一隅。"（《遣怀》）年老体衰，朋友散尽，无人可托怀抱，杜甫之思念李白，确是应有之义了。可惜，他们终于无缘再见。

较之杜甫的关切，分别后的李白似乎没有再提及杜甫，后人因此说他并不看重与杜甫的友情。也许李白性格中游侠的一面使他惯于淡视友谊，也许是那些回应杜甫的篇章没有流传下来——要知道为他编诗集的人说过李白的作品有相当多都散失了。不论如何，我们认为，李杜这两位诗歌巨擘，是彼此相知的，他们的相遇是值得我们大书特书。

思考与练习

一 积累：

李白和杜甫的诗歌中涉及不少地名，请在本单元选择的作品内找一找，标出来，再查看地图，看看它们现在都是什么地方，并写出你最欣赏的诗句。

二 活动：

1.找找看，李白诗歌中有哪些运用频繁的词语？

2.将李白的五律与杜甫的五律进行对比，再将他们的七绝进行比较，看看各自的特色。如果允许你有倾向性，你觉得二人各自在哪一体裁上更胜一筹？

三 探究：

1.从李白与杜甫的经历和文学创作角度看，你能谈谈他们成为好友的基础是什么吗？

2.杜甫有《登岳阳楼》诗，李白也有一首《与夏十二登岳阳楼》："楼观岳阳尽，川迥洞庭开。雁引愁心去，山衔好月来。云间连下榻，天上接行杯。醉后凉风起，吹人舞袖回。"这是乾元二年（759）李白流放途中遇赦后游岳阳时所作。请查阅资料，并在老师的帮助下，将这首诗改写成一首现代散文诗。再比较一下李、杜登岳阳楼诗的异同，从中你能看出两个人怎样的特点？

第四单元

关心民间疾苦声
——新乐府运动

单元导读

"最爱湖东行不足，绿杨阴里白沙堤。"

在西湖上有两条堤坝，绿树掩映，花红柳绿。一条是苏堤，一条是白堤，无论是什么季节，这里都呈现出各种美丽的姿态，令人心驰神往。

其实，当初的西湖是一个水利工程，并不仅仅是为了人们观赏游览的，这两条堤坝的作用也是如此。苏堤的得名自然是因为苏轼主政此地时修建之功，而白堤，其实本来与白居易并无关系。在白居易来到杭州前，就已经存在一条白沙堤，只是后人更愿意相信是因为有了白居易，才称其为白堤。

能够这样被人们世代代纪念的，一定是值得尊敬的人，白居易，应该就是这样的一个人。

白居易自幼聪颖，一直很努力，为了准备进士科考试，他避居山林寺院复习，这是唐代举子惯常的做法。他特别用功，至今其文集中还保留了大量当时写作的各种策论、诏告等文章，用今天的话说，就是模拟卷。因此，他中进士科考试很早，而且是凭借自己的实力，这一点他终身引以为豪。

年轻时候，人总是积极有为，想要通过自己的努力改变这个世界。白居易也是如此，他认同古代的"采诗"传统，认同孔子关于诗可以讽喻君主使其纠正偏差的主张。于是他在基层注意搜求各种朝政得失在民间的具体体现与事例，用乐府诗的形式表达出来，每一篇都揭露一方面的问题，如同奏章一般。这种带有强烈功利色彩的乐府诗之前较少出现，因此后来将其命名为"新乐府诗"。白居易的初衷极为真诚，他认为身居宫中的皇帝不能直接得知民间疾苦，因此愿以新乐府作为中介，使君主得悉朝政得失。然而，中唐以后的帝国，陷入藩镇割据、宦官专权等泥淖之中不可自拔，皇帝对于弊政并非闭塞不知，只是多有掣肘，有心无力。因此，这样的新乐府运动并没有持续多久，其参与者就注意到了其局限性，但它对后世的启迪及其文学乃至史学价值，都不可低估的。

白居易一生作诗极多，虽有流失，还有近三千首存世。他在当时就诗名甚高，最受称道的是《长恨歌》一类作品。但他自己最在意的则是早期那些关心百姓疾苦的讽喻诗。

说到白居易，就不能不提到他的文坛搭档——元稹。

元稹很有才气，虽然他小时候就失去了父亲，但他很早就通过了明经科考试，取得功名。唐代明经科出身不如进士科那样有前途，但他曾一路官运亨通，和裴度一起被拜相。当然，也经历了很多坎坷，宦海浮沉，所以他对生活还是有一定的认识的。

元稹的诗作辞浅意哀，仿佛孤凤悲吟，极为扣人心扉，感人肺腑。他和白居易有缘相识，又一同活跃在文坛之中，彼此契合。元稹和白居易所处的时代，安史之乱刚刚结束，政治混乱，腐败盛行，社会风气日下，百姓生活痛苦，他们用自己的笔写下关注现实的诗篇，针砭时弊，用自己的努力给这个时代带来一股清新之风，确实值得人们赞许。

本单元选取新乐府运动中较有影响力的参与者进行介绍，但内容不限于新乐府诗歌本身，其名作、佳作，也一并选录。

选文部分

1.白居易

观刈①麦

> 很多诗人写过农耕生活，因为我们这片土地有男耕女织的传统，但农事诗歌展现的也不一定就是田园牧歌式的生活，更多的，应是对那种艰辛劳作和体制的思考。

田家少闲月，五月人倍忙。

夜来南风起，小麦覆陇黄。

妇姑荷箪食②，童稚携壶浆。

相随饷田③去，丁壮在南冈。

足蒸暑土气，背灼炎天光④。

力尽不知热，但惜夏日长⑤。

---

①刈（yì）：割。　②荷（hè）箪（dān）食：背负一筐食物。　③饷（xiǎng）田：给田里的耕作者送饭。　④这两句诗的意思是：双脚被地上的热气熏蒸，后背受炎热的阳光炙烤。表明耕作辛苦。
⑤这两句诗的意思是：筋疲力竭也不顾炎热，只是珍惜夏天昼长可以多干活。

复有贫妇人，抱子在其旁。

右手秉遗穗①，左臂悬敝筐。

听其相顾言，闻者为悲伤。

家田输税尽，拾此充饥肠②。

今我何功德？曾不事农桑③。

吏禄三百石④，岁晏⑤有余粮。

念此私自愧，尽日不能忘。

上阳白发人⑥

青春的容颜易老，在深深的宫禁之中，那些光鲜的背后，我们听到更多的是无奈的哀叹和低声的哭泣。从鲜艳欲滴的花容到苍老如菊，个中滋味说来断肠。

愍怨旷也⑦。

上阳人，红颜暗老白发新。

绿衣监使⑧守宫门，一闭上阳多少春。

玄宗末岁初选入，入时十六今六十。

同时采择百余人，零落年深残此身。

忆昔吞悲别亲族，扶入车中不教哭。

---

①秉（bǐng）：拿着。遗：遗落的。　②这两句诗的意思是：家里田间出产的粮食都用来缴纳国家的租税了，只好捡拾人家丢弃的麦子充饥度日。　③曾（zēng）：竟然。农桑：农耕和蚕桑。　④三百石：当时白居易任周至县尉，一年的薪俸大约是三百石米。石，古代容量单位，十斗为一石。　⑤岁晏（yàn）：年底。　⑥上阳：唐宫名，在洛阳，高宗时期建成。玄宗时被冷落贬斥的宫人就幽闭于此。这首诗中的抒情主人公就是一位在玄宗时期关入上阳宫中的老年宫人。　⑦愍（mǐn）：怜悯。怨旷：这里指久被幽闭不能婚配的女子。　⑧绿衣监使：即太监，唐代宦官穿深绿或淡绿衣。

皆云入内便承恩①，脸似芙蓉胸似玉。

未容君王得见面，已被杨妃遥侧目。

妒令潜配上阳宫，一生遂向空房宿。

秋夜长，夜长无寐天不明。

耿耿②残灯背壁影，萧萧暗雨打窗声。

春日迟，日迟独坐天难暮。

宫莺百啭③愁厌闻，梁燕双栖老休妒。

莺归燕去长悄然，春往秋来不记年。

唯向深宫望明月，东西四五百回圆。

今日宫中年最老，大家遥赐尚书号④。

小头鞋履窄衣裳，青黛点眉眉细长。

外人不见见应笑，天宝末年时世妆。

上阳人，苦最多。

少亦苦，老亦苦，少苦老苦两如何？

君不见昔时吕向《美人赋》⑤，又不见今日上阳白发歌！

新丰折臂翁

一位二十四岁的青年男子竟然自残以逃避兵役，其对战争的恐惧厌倦可想而知。帝国统治者，尤其是那些想借此牟利者，一味贪图开疆辟土之功，致使民不聊生。白居易选择这位特殊的老人采访，可谓一针见血。末尾以开元、天宝作对比，寓意深远。

---

①承恩：接受皇帝的宠爱。　②耿耿：微明的样子。　③啭：鸟鸣叫。　④大家：指当今皇帝。尚书：宫中女官名。　⑤《美人赋》：天宝末，皇帝派人秘密去民间选美女，被称为"花鸟使"，吕向写了《美人赋》予以讽谏。

戒边功也①。

新丰老翁八十八，头鬓眉须皆似雪。

玄孙扶向店前行，左臂凭肩②右臂折。

问翁臂折来几年，兼问致折何因缘？

翁云贯③属新丰县，生逢圣代无征战。

惯听梨园歌管声，不识旗枪与弓箭。

无何④天宝大征兵，户有三丁点一丁⑤。

点得驱将何处去？五月万里云南⑥行。

闻道云南有泸水⑦，椒花⑧落时瘴烟起。

大军徒涉水如汤⑨，未过十人二三死。

村南村北哭声哀，儿别爷娘夫别妻。

皆云前后征蛮者，千万人行无一回！

是时翁年二十四，兵部牒⑩中有名字。

夜深不敢使人知，偷将大石捶折臂。

张弓簸旗⑪俱不堪，从兹始免征云南。

骨碎筋伤非不苦，且图拣退⑫归乡土。

此臂折来六十年，一肢虽废一身全。

至今风雨阴寒夜，直到天明痛不眠。

痛不眠，终不悔，且喜老身今独在。

不然当时泸水头，身死魂孤骨不收。

①这句话的意思是：告诫统治者不要一味贪图开边之功。　②凭肩：靠在（他玄孙的）肩膀上。
③贯：籍贯。　④无何：没过多久。　⑤这句诗的意思是：每户人家三个成年男子中要出一位入伍。
⑥云南：这里指今四川省南部与当时吐蕃对峙一带。　⑦泸水：今金沙江。　⑧椒花：花椒开花
落花都在夏季。　⑨徒涉：徒步渡河。汤：热水。　⑩牒：这里指兵部的征兵名单。　⑪簸（bǒ）
旗：摇动战旗。　⑫拣退：被拣选后退回。

应作云南望乡鬼，万人冢上哭呦呦[1]。

老人言，君听取：

君不闻开元宰相宋开府[2]，不赏边功防黩武？

又不闻天宝宰相杨国忠，欲求恩幸立边功？

边功未立生人怨，请问新丰折臂翁！

红线毯

宫廷一场舞会，耗费的钱物恐怕会让民间咋舌不已。作者借舞会中使用的宣州出产的红线毯，从其工艺繁复，用料考究，到需求巨大，产品奢侈，最终将批判的矛头指向一味媚上的太守。但人人都知道，导致靡费钱财的根本原因，其实在皇帝本人。

忧蚕桑之费也。

红线毯，择茧缫丝清水煮[3]，拣丝练线红蓝染。

染为红线红于花，织作披香殿[4]上毯。

披香殿广十丈余，红线织成可殿铺。

彩丝茸茸香拂拂，线软花虚不胜物[5]。

美人蹋上歌舞来，罗袜绣鞋随步没[6]。

太原毯涩毳缕硬[7]，蜀都褥薄锦花冷。

---

①呦呦（yōu yōu）：拟声词，哭声。　②宋开府：开元时著名丞相宋璟，被授予开府仪同三司的特权，因此这样称呼。他在开元初没有重赏斩突厥可汗的郝灵佺，意图避免鼓励征战，导致穷兵黩武，与边疆民族关系恶化。　③这句诗的意思是：要择取好的蚕茧用清水煮后抽丝。缫（sāo）丝，将蚕茧放入沸水中以抽取蚕丝。　④披香殿：汉代宫殿名，这里代指唐代宫殿。　⑤这句诗的意思是：线毯柔软得简直像是虚空一般，什么也不能托举承受。花虚，虚幻。　⑥这句诗的意思是：（绒很厚实）美人在上面舞蹈，每走一步，她的罗袜绣鞋就会没入绒中。　⑦涩：不软。毳（cuì）缕：用鸟兽的细毛纺的线。

不如此毯温且柔，年年十月来宣州。

宣城太守加样织，自谓为臣能竭力。

百夫同担进宫中，线厚丝多卷不得。

宣州太守知不知？一丈毯，千两丝。

地不知寒人要暖，少夺人衣作地衣！

杜陵叟

农业时代靠天吃饭，灾害几乎一直存在，但是官吏为了自己的利益，有时也因为体制的束缚，根本不顾及百姓的死活，只知完成自己的税收任务。本以为皇帝圣明，也确实解决了问题，但未料告示贴出时，绝大多数农民早就破产了。帝国的根本被撼动，上下官员只作不知，难怪白居易为之忧虑不已。

伤农夫之困也。

杜陵叟，杜陵居，岁种薄田一顷余。

三月无雨旱风起，麦苗不秀多黄死。

九月降霜秋早寒，禾穗未熟皆青干。

长吏明知不申破①，急敛暴征求考课②。

典桑卖地纳官租，明年衣食将何如？

剥我身上帛，夺我口中粟。

虐人害物即豺狼，何必钩爪锯牙食人肉③？

不知何人奏皇帝，帝心恻隐知人弊。

①申破：上报（灾情）。　②考课：上级考察官员政绩。　③这两句诗的意思是：那些虐待迫害百姓的官吏其实就是豺狼，不一定要真的长着如钩似锯的爪牙并吃人肉的（才算豺狼）。

白麻纸①上书德音：京畿尽放今年税②。

昨日里胥③方到门，手持尺牒榜乡村④。

十家租税九家毕，虚受吾君蠲免恩⑤。

买　花

爱花不是罪过，养花也是一种情趣，但是如果成了炫耀攀比的资本，那么，这花再艳丽富贵，也与自然的美感相去甚远了，这美丽，是用现实中的汗水甚至鲜血换来的。

帝城⑥春欲暮，喧喧车马度。

共道牡丹时，相随买花去。

贵贱无常价，酬直看花数⑦。

灼灼百朵红，戋戋五束素⑧。

上张幄幕⑨庇，旁织笆篱护。

水洒复泥封，移来色如故。

家家习为俗，人人迷不悟。

有一田舍翁，偶来买花处。

低头独长叹，此叹无人谕⑩。

---

①白麻纸：唐代重要诏告使用白麻纸，一般情况就用黄麻纸。　②这句诗的意思是：长安附近区域全部免除今年的赋税。京畿（jī），指都城周围地区。　③里胥：基层小吏。　④尺牒：告示。榜：这里作动词，张贴。　⑤这两句诗的意思是：（诏告传到乡村的时候）九成的赋税早已收取完毕，百姓等于白白领受了皇帝免除赋税的大恩。蠲（juān）免，免除。　⑥帝城：指长安。　⑦酬直：指花的标价。花数：花的品种与品相。　⑧戋戋（jiān jiān）：多的样子。五束素：相当于二十五匹白绢。　⑨幄幕：篷帐帘幕。　⑩谕：明白。

一<u>丛</u>深色花，十户中人赋^①！

望月有感^②

一轮月，照遍了古今，在天上，也在原野、水中，在人的心里。望着这个月亮，如果你处在顺境之中，你会诗意盎然，如果你在他乡，那么它就是你寄托思亲情感的所在了。

　　自河南经乱，关内阻饥，兄弟离散，各在一处。因望月有感，聊书所怀，寄上浮梁大兄、於潜七兄、乌江十五兄^③，兼示符离及下邽弟妹^④。

　　时难年荒世业^⑤空，弟兄羁旅各西东。

　　田园寥落干戈后，骨肉流离道路中。

　　吊影分为千里雁，辞根散作九秋蓬^⑥。

　　共看明月应垂泪，一夜乡心五处同。

---

①这两句诗的意思是：那一丛深红色的牡丹花，居然相当于十户中等人家一年的税赋。　②标题为编者所拟，原诗标题叙述此诗创作缘由，今改为序文。　③浮梁大兄：白居易的长兄幼文，贞元十四、十五年间任饶州浮梁（今江西）主簿。於（yú）潜七兄：白居易叔父季康的长子，时为於潜（今浙江临安县）县尉。乌江十五兄：白居易的从兄逸，时任乌江（今安徽和县）主簿。　④符离：在今安徽省宿州市。白居易的父亲在彭城（今徐州）做官多年，就把家安置在符离。下邽（guī）：县名，在今陕西省渭南县，白氏祖居曾在此。　⑤世业：祖上产业。　⑥这两句诗的意思是：散如孤雁，千里对影自怜；人如飘蓬，秋来离根漂泊。九秋，秋天。

2.元　稹

行　宫

当权力集中在少数人的手中，可以创造奇迹，也常常制造出很多悲剧。宫怨，这种情趣，在封建保守的传统中国，是一个值得思考的问题。白头的宫女，永远的落寞。

寥落古行宫[1]，宫花寂寞红。

白头宫女在，闲坐说玄宗。

菊　花

秋风萧瑟处，最是话凄凉。菊花，是秋天里唯一的亮点，也是一种坚持的象征。我们面对自然的秋天再联想一下人生的秋天，这种感觉，真的可以叫作"百感交集"。

---

[1]行宫：皇帝在京城之外的宫殿。

秋<u>丛</u>绕舍似陶家^①，遍绕篱边日渐斜。

不是花中偏爱菊，此花开尽更无花。

遣悲怀三首（其二）

夫妻之间，不在于那些亲密无间的话语，东方人的含蓄，更让他们之间有一种默契和理解相守。而这种感觉，是平淡美好的，也是能真正坚持得下去的原生态生活。

昔日戏言身后事，今朝都到眼前来。

衣裳已施^②行看尽，针线犹存未忍开。

尚想旧情怜婢仆，也曾因梦送钱财。

诚知此恨人人有，贫贱夫妻百事哀。

田家词

这是一首乐府旧题诗，写一位农人辛勤劳作，但几乎全部劳动果实都被军队征用了，就连耕牛都被官军吃掉，回来只剩下两个牛角。农民不得不发动全家人一起劳动，然而依然无法避免卖屋破产的结局。但作者故意不加批评之声，反在结尾用老农的口吻发誓，即使我死了，我的后代甚至那头被吃掉的牛的后代还会世世代代保证军队的粮草供应——反语反倒更增讽刺意味。

---

① 陶家：指东晋陶渊明。　②施：送给（别人）。

牛咤咤，田确确①。

旱块敲牛蹄趵趵②，种得官仓珠颗谷。

六十年来兵簇簇③，月月食粮车辘辘④。

一日官军收海服⑤，驱牛驾车食牛肉。

归来收得牛两角，重铸锄犁作斤䥽⑥。

姑舂妇担去输官⑦，输官不足归卖屋。

愿官早胜雠早覆，农死有儿牛有犊，

誓不遣官军粮不足⑧！

织妇词

缭绫本是可以引以为豪的一种纺织品，可惜它被大量用来供上层贵族使用，数量庞大，竟然致使大量掌握提花工艺的女工终身不能出嫁。其凄惨可想而知。

织妇何太忙，蚕经三卧⑨行欲老。

蚕神女圣⑩早成丝，今年丝税抽征早。

早征非是官人恶，去岁官家事戎索⑪。

①咤咤（zhà zhà）：拟声词，牛的喘息声。确确：坚硬的样子。　②趵趵（bō bō）：拟声词，牛蹄踏在地上的声音。　③簇簇：战争频繁的样子。　④辘辘：拟声词，车轮声，这里用以表现农民运输军需物资的繁重与急迫。　⑤海服：本义是沿海地区，这里泛指边疆。　⑥斤䥽（zhú）：泛指农具。斤，斧子。䥽，锄头。　⑦舂（chōng）：将稻谷去皮。输官：去官府缴纳钱物。　⑧这三句诗的意思是：希望官军早取胜利敌人早些覆灭，农夫死去还有儿子继续劳作，牛被吃了还有小牛犊会长大，发誓决不让官军粮草不足。雠，同"仇"，敌人。　⑨三卧：蚕有眠性，三卧之后进入四眠，四眠后即结茧。　⑩蚕神女圣：即黄帝妃嫘祖。　⑪戎索：这里代指战争。

征人战苦束刀疮，主将勋高换罗幕。

缲丝织帛犹努力，变缲撩机苦难织①。

东家头白双女儿，为解挑纹②嫁不得。

檐前袅袅③游丝上，上有蜘蛛巧来往。

羡他虫豸解缘天，能向虚空织罗网④。

闻乐天授江州司马

作为知己，理当为朋友的安危前程而关心，尤其是有着崇高理想志同道合的人们。文坛上的"元白"之间，惺惺相惜，互相牵挂，这种感情，越过千年依旧令人感动。

残灯无焰影幢幢⑤，此夕闻君谪九江。

垂死病中惊坐起，暗风吹雨入寒窗。

---

①这两句诗的意思是：煮茧抽丝练成熟丝的工艺已经十分费力，更何况还要根据花纹的需要不断改换各种线综的位置，工作非常艰苦，很难织成。织帛，疑应作"练帛"，这是在纺织前除去缲丝后残留丝胶的工序。缲（niè），应作"躡"，本义是提花机上的踏杆，这里应该指花楼提花机上用以提起综（使经线上下交错以受纬线的一种装置）的装置。详参赵翰生《中国古代纺织与印染》（商务印书馆，1997年，第136—154页）。　②挑纹：即缭绫的挑花工艺。　③袅袅：飘浮摇摆的样子。　④这两句诗的意思是：真羡慕这种虫懂得纺织是出于天性，居然能够凭空织出罗网来。虫豸（zhì），虫类的统称，这里特指蜘蛛。　⑤幢幢（chuáng chuáng）：灯影摇曳，光线昏暗的样子。

离思五首（其四）

作品中最感人的是什么？是一种真切的感受，是真情的流露。有情，则山水为之动容，花月也为之吟咏。很多时候，我们只是在自然中前行，开自己的花，结自己的果。

曾经沧海难为水，除却巫山不是云①。

取次花丛懒回顾，半缘修道半缘君②。

①这两句诗的意思是：曾经经历过沧海的浩淼的人很难与他再谈论水了（因为他已经看到过最大的水了）；除去巫山之云外，其他各处的云都不值一提了（因为他看到过最迷人的云了）。其寓意是，在经历过这段爱情后，其他女子很难再激起他内心的真情了。　②这两句诗的意思是：也曾遇到过如杂乱花丛般多的女子，但我懒得回头看一眼，一半是因为我现在修道寡欲，一半也是为了心中常有你在啊。

文史知识

白居易和“新乐府运动”

如果要问唐朝伟大的诗人除了李白、杜甫以外还有谁，我们一般都会说是白居易。白居易（772—846）是文学史上公认的继杜甫以后最杰出的现实主义诗人。他二十几岁考中进士，在唐代属于得志很早的士子。一生经历了八个皇帝，为官早期较为积极有为，遭遇江州之贬后开始明哲保身。很早就退居东都洛阳，过起了他自称“中隐”的闲适生活。白居易笃信佛教，晚年经常前往洛阳龙门的香山寺，并自号“香山居士”。他的诗集很早就流传到日本，受到长期尊崇。

他初入仕途的时候，信奉儒家的积极有为，相信唐帝国的国家机器能够通过个人努力来解决社会弊端。于是写了大量揭露社会现实、讽刺权贵、反映民生疾苦的诗歌。他年轻时就立下志向，要以诗歌为武器，“惟歌生民病，愿得天子闻”。他一生作诗三千余首，生前曾把自己的诗分成“讽喻”“闲适”“感伤”“杂律”四大类。他自己最为看重的是“讽喻”诗，因为这类诗能够表现他的“兼济之志”，可以起到“救济人病，裨补时阙”的作用。就是说要帮助朝廷好好管理国家，老百姓有了困难，吏治有了缺漏，他要用诗文加以反映。他认为诗歌这方面的作用才是主要的。所以他曾经在编好自己文集后题的一首诗中说：“一篇长恨有风情，十首秦吟近正声。”“长恨”是《长恨歌》。“秦吟”是《秦中吟》十首，就是诗人写老百姓苦难的作品。所谓“正声”，就是符合道义的诗歌。

那么，新乐府又是怎么一回事呢？它是白居易提出来的，是相对汉乐府而言的，汉代有“乐府”机构，它的任务是“采风”，写成诗歌，以反映社会现实，用的是叙事方式。过去我们学过的《陌上桑》《长歌行》就是乐府诗。后来曹操用乐府旧题反映社会现实；杜甫借用乐府形式，但是用了新题又写时事，所谓"即事名篇"，这个名词是白居易的老友元稹在《乐府古题序》里提出来的。中唐时候，大官李绅写过《乐府新题》二十首送给元稹，元稹和了二十首。可见"乐府新题"这个名词是李绅提出、元稹继和而流行的。白居易又在他们的基础上加以发展，创作了《新乐府》五十首，一共有九千二百五十二言，"首句标其目，卒章显其志"。就是说，开头说明要写的事，结尾要点出主题。例如我们大家熟悉的《卖炭翁》就是其中一篇，开头序言是"苦宫市也"，内容是写危害老百姓的弊政——宫市。结束时直斥仗势欺人的太监。再如《杜陵叟》，开头是"伤农夫之困也"，结尾说"十家租税九家毕，虚受吾君蠲免恩！"五十首诗几乎是一部中唐老百姓的苦难史，无怪乎当时一些权贵对白居易等恨得咬牙切齿。

新乐府的参与者还有元稹、李绅、张籍等人。元稹（779—831）年龄比白居易小，科举考试中的是"明经"科，但是他的官运比白居易好，做到宰相。他的诗文俱佳。他和白居易文学观点基本相同，推崇"美刺"，想有补于朝廷；诗歌都"善状咏风态物色"，语言通俗易懂，妇孺皆知，所以他们二人被称为"元白"。由于元稹还擅长写情诗，所以苏东坡戏称"元轻白俗"。轻，就是有些诗歌写得爱情色彩太浓了，俗，就是通俗易懂。元稹也写了许多新乐府作品，如《田家词》《估客乐》《上阳白发人》《织妇词》等，但是从整体看，这方面诗歌成就不如白居易。李绅（772—846）人很矮小，人称"短李"，官却做得很大。与李德裕、元稹同在翰林院，号称"三俊"，后来做到同中书门下平章事，即宰相。白居易有诗云"每被老元偷格律，苦教短李服新声"，可见他们之间的关系亲密。李绅虽然写了二十首新乐府，最有名的却是他的《古风二首》："春种一粒粟，秋成万颗子。四海无闲田，农夫犹饿死。""锄禾日当午，汗滴禾下土，谁知盘中餐，粒粒皆辛苦。"张籍（766？—830？）被称为韩愈的弟子。他的诗歌广泛而深刻地反映了农民、蚕妇、征人、戍妇、渔夫等各种人物的苦难生活，如《野老歌》《征妇怨》《贾客乐》等。不管怎么说，这些唐代的大官们还是有一定良心的，他们还懂一点"水能载舟，亦能覆舟"的道理，给我们留下了值得一读的诗歌。

思考与练习

一 积累：

1. 共看明月应垂泪，＿＿＿＿＿＿＿。

2. ＿＿＿＿＿＿＿，十户中人赋。

3. 不是花中偏爱菊，＿＿＿＿＿＿＿。

4. 诚知此恨人人有，＿＿＿＿＿＿＿。

5. 垂死病中惊坐起，＿＿＿＿＿＿＿。

6. ＿＿＿＿＿＿＿，除却巫山不是云。

二 活动：

请与同学组成团队，先期选择并调查当前校园或者家庭、社会领域出现的不合理现象或你认为不好的情形，模仿新乐府的写法，合作写成一篇诗歌，大家比一比，谁的更为深刻，更为有力？

三 探究：

"野火烧不尽，春风吹又生。"

这既是一种自然现象，也蕴含着深刻的道理，请调动自己的知识积累，交流一下，还有哪些诗句，来自于自然或者社会现象，也能够反映一定的哲理，自己也试着写一句。

第五单元

街巷公府皆歌声
——词的流行与兴盛

单元导读

　　唐诗宋词，已经成为文学史上惯常的提法，因为词在宋代成就最高，发展最盛。但任何事物都不会凭空出现，十九世纪末二十世纪初在敦煌藏经洞发现的《云谣集》就揭示了词这一体裁的渊源，证明在唐代按照一定乐谱填词就已经较为成熟，且在民间有其生命力。加上据称是李白创作的《忆秦娥》、中唐时期白居易的《忆江南》等作品，说明词在唐代已经经历了较长时间的探索和发展。其实，近体诗对声律的熟练把握本身就使诗与音乐保持并发展了其自古以来就拥有的紧密联系。《诗三百》以下，汉乐府、南北朝民歌及拟民歌创作等，都是可以入乐演唱的，唐代那些可以歌唱的诗又称为声诗，乃至后来的词，实际上都可以看作时代不同的乐府。因此，词的出现应该首先放在这一传统上来看待。尽管时间久远，乐谱绝大多数失传，但我们始终不能忽略词的音乐性这一本质特征。

　　文人真正开始大量创作词，并且形成一时风气，是自晚唐五代开始的，代表人物就是温庭筠和韦庄，他们的作品在后来编成的具有里程碑意义的《花间集》中占据了很大篇幅，显示了在文人词这一领域其先导作用和奠基地位。词，合乐而作而又带有浓郁的娱乐色彩，这种形式上更加活泼而贴近生活的文学样式，似乎更加适合于人们抒发一些琐细但生活化的感情。因此，《花间集》中绝大多数作品与女子相关，有些甚至具有较为强烈的色情意味。从大处看，这和唐帝国毁灭后社会普遍的幻灭感有关，文学的娱乐性、游戏性、单纯的审美价值等又被强调起来，这与魏晋、六朝等离乱时期的情况是一致的；从小处看，则词的音乐性可以部分遮掩曲词的单调与套路化，因此文人将其作为艳情等题材的表达空间，就在情理之中了。

在经济文化继续向前发展的宋朝，在文人辈出的宋朝，词顺其自然地获得了迅速的发展。宋代由于实行重文轻武的政策，文官享受的待遇较为优厚。宋太祖立国之初就公开鼓励大臣"多买歌儿舞女"，使填词演唱具备了条件。因此，北宋初期词沿着《花间集》的道路继续行进，晏殊、张先、欧阳修等人的部分作品几乎可以混入五代词中。而且这一创作传统，其实一直没有断绝，即使是后来的苏轼、秦观等人，也有类似作品，只是数量多少不同。

北宋城市经济空前繁荣，同时推动了市井文化对于曲词的需求。这重新开启了《云谣集》中部分俚俗作品的创作生命。柳永是这方面具有代表性的人物，他沟通了文人词与民间词之间屡经遮蔽但藕断丝连的关系。使词进一步走向繁荣，也进一步强化了词强调抒发人性中柔软情怀的传统。

本单元从温庭筠起，一直到南宋的姜夔，都是这一传统的传递者与发展的关键人物。其中，特意略去了苏轼、李清照、辛弃疾等大家，是因为本套教材另有专门介绍，可以互相参看。

选文部分

1.温庭筠

梦江南

景随情动，全篇著一"恨"字。于是，山、月、水、风都人格化，碧云的飘动也好似带上了抒情主人公内心的起伏。

千万恨，恨极在天涯。山月不知心里事，水风空落眼前花。摇曳碧云斜。

更漏子

雨不断地打在梧桐上，滴在台阶上，更让主人公在怀念中陷入寂寞的思绪。

玉炉香，红蜡泪，偏照画堂秋思。眉翠薄，鬓云残，夜长衾枕寒。　　梧桐树，三更雨，不道离情正苦。一叶叶，一声声，空阶滴到明。

菩萨蛮

贵族女子像鸟儿珍惜自己的羽毛一样爱惜自己的容颜，梳妆的行为，与其说是在展示自己的美好，不如说是在维护一段生命的美丽。在古人看来，这样一种慵懒而缓慢的美是值得欣赏的。而"罗襦"上的"金鹧鸪"似又在暗示"她"是孤身一人的。

小山重叠金明灭[①]，鬓云欲度香腮雪[②]。懒起画蛾眉，弄妆梳洗迟。　　照花前后镜，花面交相映。新帖绣罗襦，双双金鹧鸪[③]。

2.韦　庄

菩萨蛮

江南，是一个能把刚硬催软，能让诗意无边的所在，繁华和温馨，美景和佳人，在这里，成为一种符号，一种让人魂牵梦绕的理由。家乡在何处？如果无家，请来江南。

人人尽说江南好，游人只合[④]江南老。春水碧于天，画船听雨眠。　　垆边人似月，皓腕凝霜雪[⑤]。未老莫还乡，还乡须断肠。

---

①这句词的意思是：屏风上绘制的小山图案层层叠叠，女子头上的金饰流光闪耀。　②这句词的意思是：像云雾般繁密的头发仿佛要遮挡住散发着香气的如雪般白皙的脸颊。　③这两句词的意思是：绣花的罗裙上，新贴了两只金鹧鸪鸟。强调"双"，是期待与有情人成双成对，有时也能反衬抒情主人公的孤独思念。　④合：应当。　⑤这两句词的意思是：当垆卖酒的女子柔媚如月，雪白的手臂像凝结的霜雪。

浣溪沙

女子如此爱惜自己，日日修饰自己的生命。可惜春天的美好太短暂，不由得抒情主人公叹恨——尽管此时的她还有美丽，还能赏花，或许还不知道头上的那一团柳絮。

清晓妆成寒食[1]天，柳毬斜袅间花钿[2]，卷帘直出画堂前。　　指点牡丹初绽朵，日高犹自凭朱栏，含嚬[3]不语恨春残。

谒金门

读这首词，给人一种很清新的感觉，没有那种常见的哀怨惆怅，却是独有的明朗——无论是在眼前，还是在内心。是的，相思也可以是一种明亮的颜色。

春雨足，染就一溪新绿。柳外飞来双羽玉[4]，弄晴相对浴。　　楼外翠帘高轴[5]，倚遍阑干几曲。云淡水平烟树簇，寸心千里目。

①寒食：节令，清明节前一天或两天，相传与晋文公纪念其功臣介子推有关，至这一日或清明节前一日不生火，吃冷食。　②这句词的意思是：柳絮斜斜吹来，定在女子的发钗上。间（jiàn），夹杂。　③含嚬（pín）：皱眉，忧愁的样子。　④羽玉：如玉的翅膀，这里指白鸥。　⑤高轴：高卷。

3.冯延巳

谒金门

相比于《花间词》的秾艳，冯词则更显"轻"和"清"。"吹皱一池春水"尤显清疏。王国维在《人间词话》中评价其词"虽不失五代风格，而堂庑特大，开北宋一代风气"。

风乍起，吹皱一池春水。闲引鸳鸯香径里，手挼①红杏蕊。　　斗鸭阑干独倚，碧玉搔头斜坠②。终日望君君不至，举头闻鹊喜。

鹊踏枝

本篇妙处在于"闲情"的抽象化，它不是单一指向的，可以是爱情，也可以是离情，也可以是伤春，也可以是惜时，或许兼而有之，或许只是一种难以名状的惆怅。

谁道闲情抛掷久？每到春来，惆怅还依旧。日日花前常病酒，不辞③镜里朱颜瘦。　　河畔青芜④堤上柳。为问新愁，何事⑤年年有？独立小桥风满袖，平林新月人归后。

①挼（ruó）：揉搓。　②这两句词的意思是：（主人公）独自倚靠在栏杆边观看鸭子争斗，（时间很久了）头上的碧玉簪子都斜斜地坠落（也不去扶起）。　③不辞：不辞让，这里是不惜的意思。　④青芜：杂草丛生处。　⑤何事：即为何，为什么。

醉花间

雪后初晴，凌寒梅花，山川风物，金陵古道，韶光易逝，别多会少，且尽金樽相谈笑。

晴雪小园春未到，池边梅自早。高树鹊衔巢，斜月明寒草[①]。山川风景好，自古金陵道。少年看却老[②]。相逢莫厌醉金杯，别离多，欢会少。

4.李 璟

摊破浣溪沙

词中透露着浓浓的富贵气，除却华贵的窗饰，更重要的是那种极富包容性的感情。这里的春恨依然是极为抽象的，甚至是无谓的。落花飘散，本是自然常态，可是却能引发抒情主人公的愁绪。这种愁绪还不断扩展空间，从重楼一直到三峡，乃至天际。这就大大拓展了词的境界。

手卷真珠上玉钩，依前春恨锁重楼[③]。风里落花谁是主[④]，思悠悠。　　青鸟[⑤]不传云外信，丁香空结雨中愁[⑥]。回首绿波三峡暮，接天流[⑦]。

---

①这两句词的意思是：高树之上，鹊鸟衔枝筑巢；斜月初照，枯草一片明朗。　②这句词的意思是：今虽少年，看看却已老去。　③这两句词的意思是：亲手将真珠制成的帘幕卷起挂在玉钩上，之前感受过的春恨又笼罩心头，仿佛将整幢楼都深深锁住。　④这句词的意思是：风吹起时，落花飘零，谁为主宰？　⑤青鸟：传说中为西王母传递消息的鸟，这里也许是将看到的鸟儿视为信使。　⑥这句词的意思是：春雨连绵，丁香不绽，好似含愁。这句明显化用李商隐的《代赠二首》（其一）："芭蕉不展丁香结，同向春风各自愁。"　⑦这两句词的意思是：薄暮时分，回首江流，清波自三峡来，远接天际。

5.李　煜

清平乐

本词仿佛就是一篇微型的"离愁赋"，作者以极为形象化的落梅与春草，将这种积压心头、难以摆脱的恨表达出来。

别来春半，触目愁肠断。砌下落梅如雪乱，拂了一身还满。　　雁来音信无凭，路遥归梦难成①。离恨恰如春草，更行更远还生。

蝶恋花

暮春时节，抒情主人公暗自神伤，作者特意将声音压住，雨声因风起而止，但终于在下阕以秋千上他人的低低欢笑打破宁静，搅乱内心，于是一切不可收拾。

遥夜亭皋②闲信步，乍过清明，早觉伤春暮。数点雨声风约住，朦胧淡月云来去。　　桃李依依春暗度，谁在秋千，笑里轻轻语。一片芳心千万绪，人间没个安排处。

①这两句词的意思是：归雁依旧没能带回（所思者的）音讯，路途遥远，就是梦魂也难到达罢。　　②亭皋（gāo）：水边平地。

乌夜啼

此词贵在全出天然，不加雕饰，表达的是人们永恒的遗憾，因此无法超越。

林花谢了春红，太匆匆。无奈朝来寒雨，晚来风。　　胭脂泪，相留醉，几时重。自是人生长恨，水长东。

望江南

如果没有开头三字，或许我们真的会以为作者是在描摹南国秋色，可惜一场梦游，笛声里带来的是无穷的故国之思。

闲梦远，南国正清秋。千里江山寒色远，芦花深处泊孤舟，笛在月明楼。

6.柳　永

鹤冲天

据说正是因为这首词触怒了惯以宽大仁慈著称的宋仁宗，从而彻底断绝了柳永的仕途。也许这个福建人从一开始就与北宋初的士大夫群体格格不入，也许他的性格确也有特立独行甚至狂放的一面，但他敢于彻底走向民间，与歌女为伍，与民众为伴，则无疑是非常大胆而执著的。这首作品里，柳永自诩"白衣卿相"，又说"意中人"在"烟花巷陌"，他早已将自己后半生的价值寄托于民间了。

黄金榜上，偶失龙头望①。明代暂遗贤，如何向②？未遂风云便，争不恣狂荡③？何须论得丧。才子词人，自是白衣卿相④。

烟花巷陌，依约⑤丹青屏障。幸有意中人，堪寻访。且恁⑥偎红倚翠，风流事，平生畅。青春都一饷。忍把浮名，换了浅斟低唱⑦！

定风波

同是写闺怨，柳永打破五代词的典雅绮丽，将当时的口语纳入其中，使全词呈现出一种强烈的世俗风味。词为一独守空房的女子代言，表达其孤独寂寞与追悔当初的细腻情怀。作者特意选取最富生活场景的片段，如男子坐于窗前吟诗读书、女子陪伴做针线活等。这种写法太具冲击力，以至于据说晏殊曾当面指责柳永不该写这样的内容。但我们要明白，所谓"凡有井水饮处"都能传唱的柳词，其实正是这样贴近大众心理的作品。

自春来、惨绿愁红，芳心是事可可⑧。日上花梢，莺穿柳带，犹压香衾卧。暖酥消、腻云亸⑨，终日厌厌倦梳裹。无那⑩。恨薄情一去，音书无箇⑪。

早知恁么⑫。悔当初、不把雕鞍锁⑬。向鸡窗、只与蛮笺象管，

---

①这两句词的意思是：在殿试发布的进士榜单上，我只是偶然没有考中状元。黄金榜，公布进士名单的黄榜。龙头，状元。　②这两句词的意思是：即使是清明时代的君主也会偶然弃置贤才，（只是我今后该）怎么面对（这种情况）呢？　③这两句词的意思是：没有得到成功的机遇，怎么不（该）放纵狂放呢？争，同"怎"，怎么。　④这两句词的意思是：风流才子，填词妙手，自然就是穿着平民衣服的宰相高官。　⑤依约：依稀，仿佛。　⑥恁（nèn）：这样。　⑦这三句词的意思是：青春只是短短一瞬间，怎么忍心虚度光阴，（还是）把身外浮名，都换作斟酒低唱的闲适生活吧。　⑧这两句词的意思是：自从春天来临，看那绿树红花也觉愁惨不堪，内心到底为了什么事而觉得空虚？是事，即何事，为什么。可可，不经意。　⑨这句词的意思是：温润柔软的身体消瘦了，秀发披散下来。亸（duǒ），下垂。　⑩无那：即无奈。　⑪箇：同"个"，量词。　⑫恁么：这么。　⑬这句词的意思是：后悔当初没有把他的马鞍锁住（不让他离开自己）。

新编中华文化基础教材·第十三册

拘束教吟课①。镇相随、莫抛躲②。针线闲拈伴伊坐③。和我。免使年少，光阴虚过④。

玉蝴蝶

平心而论，柳永的这首词无论从典丽化，还是从意境上，都已经开始脱开五代词的框架。尽管表现的内容相似，但在格局上明显更为廓大。尤其是最后两句，不知是否让人想起南宋辛弃疾的"落日楼头，断鸿声里"的句子来，谁能说柳永柔媚无力呢？

望处雨收云断⑤，凭阑悄悄，目送秋光。晚景萧疏，堪动宋玉悲凉⑥。水风轻、蘋花⑦渐老，月露冷、梧叶飘黄。遣情伤。故人何在？烟水茫茫。

难忘。文期⑧酒会，几孤⑨风月，屡变星霜⑩。海阔山遥，未知何处是潇湘？念双燕、难凭远信⑪，指暮天、空识归航。黯相望。断鸿声里，立尽斜阳⑫。

---

①这两句词的意思是：当初应该让他整天坐在窗下，只给他纸和笔，管住他只让他吟诗读书。鸡窗，《幽明录》记载晋代人宋处宗得一神鸡，他将鸡放在笼中养于窗前，这鸡擅长谈玄，久之，处宗清谈的水平大大提高；这里代指书斋。蛮笺，蜀地出产的信笺，这里代指纸张。象管，即笔。　②这句词的意思是：整日相伴，不要抛弃我。　③这句词的意思是：惬意地拿着针线伴着他坐着。拈（niān），拿，持。　④这两句词的意思是：（让他）陪伴着我，免得让我宝贵的少年时光白白度过。　⑤这句词的意思是：遥望处，雨刚停歇，唯剩残云。　⑥宋玉悲凉：指宋玉在《九辩》第一首中的名句"悲哉，秋之为气也"。　⑦蘋花：一种大浮萍，夏秋季节开白色小花。　⑧文期：文人间定期会见举行雅集的活动。　⑨孤：辜负。　⑩这句词的意思是：过去了好多年。星，这里指木星，古人因其运行周期大致为十二年而将其视作岁星。　⑪念双燕、难凭远信：《开元天宝遗事》记载，长安女子绍兰嫁大商人任宗，任宗出外久未归家，又无音讯，绍兰便托付堂前双燕传诗，燕子直至荆州找到任宗。这里是反用该典故，说双燕都无法传递彼此音讯。　⑫这两句词的意思是：在失群孤雁凄凉的叫声里，在夕阳下站立等待了很久。

双声子

这首词在题材上就颇具独特性，在写闺情、春愁、离情泛滥的时代，柳永已经探索用词来抒写怀古情怀。格局较小的景致，稍显颓败的情绪，与其说是他的境界问题，不如说更适合吴地的风光。或许后来苏轼的《念奴娇·赤壁怀古》也从中得到过启示吧！

晚天萧索，断蓬①踪迹，乘兴兰棹东游②。三吴③风景，姑苏台榭，牢落④暮霭初收。夫差旧国，香径没、徒有荒丘。繁华处，悄无睹，惟闻麋鹿呦呦⑤。

想当年，空运筹决战，图王取霸无休。江山如画，云涛烟浪，翻输⑥范蠡扁舟。验前经旧史，嗟漫载、当日风流⑦。斜阳暮草茫茫，尽成万古遗愁⑧。

少年游

娱乐与酒的刺激只能暂时消解漂泊的寂寞，当秋风起时，一片萧瑟，孤独再次来袭时，迷茫与无聊会再次将人击倒。这首词作在写景上显出一种苍劲之感，意境远大，因此被人称赞有唐人风范。

①断蓬：即飞蓬，用以比喻人行踪漂泊不定。　②这句词的意思是：乘着游兴坐船向东游览。　③三吴：苏州、常州和湖州合称三吴，这里泛指吴地，大约是以今江苏省苏州市为核心的区域。　④牢落：双声的联绵词，即寥落，稀疏的样子。　⑤呦呦（yōu yōu）：拟声词，鹿的鸣叫声。　⑥翻输：反不如。翻，副词，反而，表转折。　⑦这两句词的意思是：用之前的经典、史书来验证，感叹其中记满了前代的风流盛况。　⑧这两句词的意思是：夕阳斜照，（昔日繁华）已成荒草茫茫，（抚今追昔）只剩万古遗恨。

长安古道马迟迟^①，高柳乱蝉栖。夕阳岛外，秋风原上，目断四天垂^②。　　归云一去无踪迹，何处是前期？狎兴生疏，酒徒萧索，不似去年时^③。

7.晏　殊

踏莎行

绿遍红稀，满眼春愁，借酒消愁，醒来却见斜阳回照，闲愁依旧。

小径红稀，芳郊绿遍。高台树色阴阴^④见。春风不解禁杨花，濛濛乱扑行人面^⑤。　　翠叶藏莺，珠帘隔燕。炉香静逐游丝^⑥转。一场愁梦酒醒时，斜阳却照深深院。

蝶恋花

王国维从这里读出了人生的境界，你读出了什么呢？

槛菊愁烟兰泣露^⑦，罗幕轻寒，燕子双飞去。明月不谙^⑧离恨苦。斜光到晓穿朱户。　　昨夜西风凋碧树，独上高楼，望尽天涯路^⑨。欲寄彩笺兼尺素。山长水阔知何处。

---

①迟迟：行进缓慢的样子。　②这三句词的意思是：夕阳西下，将降海岛之外；秋风瑟瑟，横吹荒原之上。极目四望，天似穹庐垂下。　③这三句词的意思是：与歌女亲近的兴致逐渐索然，过去的酒友又少了一些，不像去年那样了。　④阴阴：幽暗的样子。　⑤这两句的意思是：春风不知道管住杨花，让它纷杂地飞散随意扑向行人的脸。　⑥游丝：缭绕的烟气。　⑦这句词的意思是：栏杆里的菊花泛起愁惨的烟气，兰草滴下露珠。　⑧谙（ān）：熟知。　⑨这几句词的意思是：昨夜西风劲吹，使绿树凋零衰落，（我）独自走上高楼，望尽通往天边的道路。

8.张　先

天仙子

这首是张先最具代表性的作品之一，所谓善写"影"。他的描摹细致精巧，动静结合，春夜似乎一片静寂，但风动不止，又暗示着春渐离去。

时为嘉禾小倅①，以病眠不赴府会。

《水调》②数声持酒听。午醉醒来愁未醒。送春春去几时回？临晚镜。伤流景，往事后期空记省③。

沙上并禽池上暝④。云破月来花弄影⑤。重重帘幕密遮灯，风不定。人初静⑥。明日落红应满径。

千秋岁

这首词也是写伤春情怀，但抒情主人公却总是隐藏在绵密的景物之后，因此其景中寓情的特点非常明显。彻夜难眠，孤独哀怨，闪烁其间，若隐若现，充分体现了词在抒情上"隐"的特征。

①嘉禾小倅（cuì）：即嘉禾通判。嘉禾，即秀州，今浙江省嘉兴市。倅，本义是副职，这里指北宋州一级的通判官，是太守的副手。　②《水调》：即《水调歌头》，据称本是隋炀帝时所创制，唐代将其改为整套的舞曲，宋代取其中一部分演变为《水调歌头》曲。　③这两句词的意思是：感伤时光流逝，到如今往事虽然记取，却也是徒然了。记省（xǐng），回忆。　④这句词的意思是：暮色笼罩水面，成对的鸟儿在沙岸栖息。　⑤这句词的意思是：月光冲破云雾的阻隔照向人间，花枝的影子映在地上，影随风动，宛如嬉戏。　⑥这句词的意思是：人们刚刚入睡。

数声鶗鴂①。又报芳菲歇。惜春更把残红折。雨轻风色暴，梅子青时节②。永丰柳，无人尽日花飞雪③。　　莫把幺弦④拨。怨极弦能说。天不老，情难绝。心似双丝网，中有千千结。夜过也，东窗未白凝残月。

9.欧阳修

玉楼春

欧阳修为一时文宗，他的作品清楚地显示了词为"诗余"的特征，那些在他看来不能用严肃的诗来表达的春恨离情一类软媚主题，就用词来抒发。

尊前拟把归期说，欲语春容⑤先惨咽。人生自是有情痴，此恨不关风与月。　　离歌且莫翻新阕⑥，一曲能教肠寸结。直须看尽洛城花，始共春风容易别⑦。

---

①鶗鴂（tí jué）：即杜鹃鸟。　　②这两句词的意思是：雨丝虽轻，风势猛烈，正是梅子青涩的时候。
③这两句词的意思是：永丰坊的柳树，无人叹赏，却整日飞絮飘散，宛如白雪。永丰坊是唐代洛阳城的一处街坊，其中有一株荒弃无主的垂柳，白居易在诗中描摹它以比喻自己的歌妓小蛮，所谓"杨柳小蛮腰"。后就将永丰柳泛指园中柳和孤独的女子。因此这句词的另一层意思是：一位寂寞女子，无人欣赏，她的愁绪就像那柳丝一样飘飞似雪。　　④幺（yāo）弦：琵琶的第四弦，这里代指琵琶这一乐器。
⑤春容：如春光般美好的姿容，这里用以形容女子。　　⑥翻新阕：按照曲调词谱重新填词。阕（què），词一曲终止，这里代指一首词曲。　　⑦这两句词的意思是：一定要看遍洛阳城里盛开的牡丹花，才能释怀地与远去的春光道别。

玉楼春

　　颇难想象，这首恐怕连柳永都要掂量一下的作品居然出自欧阳修之手。夫妻争吵如此生活化的场面，在士大夫的笔下恐怕是难以启齿的吧。然而，欧阳修非但写了，还写得如此传神，让人忍俊不禁。

　　夜来枕上争闲事。推倒屏山搴绣被①。尽人求守不应人，走向碧纱窗下睡②。　　直到起来由自殢。向道夜来真个醉③。大家恶发大家休，毕竟到头谁不是④。

10.晏几道

鹧鸪天

　　这首词上阕深情回忆往昔欢会，下阕黯然回忆、幻想，写得令人惆怅不已。

　　彩袖殷勤捧玉钟⑤。当年拼却醉颜红。舞低杨柳楼心月，歌尽桃花扇底风⑥。　　从别后，忆相逢，几回魂梦与君同？今宵剩把银釭⑦照，犹恐相逢是梦中。

---

①这两句词的意思是：夜晚（夫妻两个）在床上为一些小事争吵起来，（妻子赌气）推倒了屏风，掀开绣花的被子。搴（qiān），揭开，掀开。　　②这两句词的意思是：任由丈夫怎么劝怎么求她就是不理会，一个人走到绿纱窗下去睡了。　　③这两句词的意思是：直到早上起来（丈夫）还觉得宿酒未销头昏脑胀，赶紧到妻子跟前说，昨晚我真的是醉了（才惹你生气）。殢（tì），困扰，这里是宿酒未醒的样子。　　④这两句词的意思是：（妻子说道）昨晚大家都一时恼了，乱发脾气，现在大家都别动气了；但是你说，这件事到底是谁不对呀？　　⑤玉钟：酒杯的美称。　　⑥这两句词的意思是：尽情舞蹈，不觉月下柳梢与楼阁；欢歌不断，直至人倦不胜桃花扇。　　⑦釭（gāng）：灯。

临江仙

人与自然浑然一体，行人与鸟雀也似彼此关情。漂泊的孤独，无人可诉，竟与杜鹃一吐衷曲。该词婉转清丽，自然流畅。

十里楼台倚翠微，百花深处杜鹃啼。殷勤自与行人语，不似流莺取次飞①。　惊梦觉，弄晴②时，声声只道不如归③。天涯岂是无归意，争奈归期未可期。

11. 秦　观

鹊桥仙

这首词原本的主题很有可能就是传统的男女别离、思念，但秦观用牛郎织女久别离而不相忘的典故，为这一主题注入了一种豪情与坚强。

纤云弄巧，飞星传恨，银汉迢迢暗度④。金风玉露一相逢，便胜却人间无数⑤。　柔情似水，佳期如梦，忍顾鹊桥归路。两情若是久长时，又岂在朝朝暮暮⑥。

---

①这两句词的意思是：（杜鹃）仿佛情意恳切，在对行人诉说，不像时时掠过的黄莺随意翻飞。取次，随意，任意。　②弄晴：指初晴时，鸟雀开始鸣叫。　③不如归：古人认为杜鹃鸟的啼叫声好像在说"不如归去"，游子听到，尤其感伤。　④这三句词的意思是：（七夕时节）天上微云也似人间女子在乞巧，流动的星辰仿佛也在传递牛郎织女的离恨，银河遥远艰深，二人为了相见趁夜赶路。　⑤这两句词的意思是：秋风露水相遇（七夕时节到来），（牛郎织女的执著爱情）就胜过了人间无数男女之情。这里化用了李商隐《辛未七夕》中"由来碧落因何畔，可要金风玉露时"的句子。　⑥这两句词的意思是：两人之间的真情若真能永恒，又怎么会在意是否天天厮守在一起？

12.周邦彦

兰陵王·柳

> 周邦彦在长调的音乐性及抒情性的探索上继承了柳永,虽然他的作品典雅居多。第一片写柳,实是写离别;第二片写别后回望,惆怅不已;第三片再回味离别场景,而夕阳西下,引来更多叹恨。欲离之情,既去之思,居者与行者,旧恨与新愁,人和物,情和境,浑然融为一气。

柳阴直。烟里丝丝弄碧。隋堤①上、曾见几番,拂水飘绵②送行色。登临望故国。谁识,京华倦客?长亭路,年去岁来,应折柔条过千尺③。

闲寻旧踪迹。又酒趁④哀弦,灯照离席。梨花榆火⑤催寒食。愁一箭风快⑥。半篙波暖,回头迢递⑦便数驿。望人在天北。

凄恻,恨堆积。渐别浦萦回,津堠岑寂⑧。斜阳冉冉春无极。念月榭携手,露桥⑨闻笛。沈⑩思前事,似梦里,泪暗滴。

---

①隋堤:东京附近有隋炀帝时期修建的通济渠,其堤岸称为隋堤。　②飘绵:飘浮的柳絮。　③这三句词的意思是:长亭路上,年复一年,送行者这样多,折下送别的柳枝大约要达到千尺之长了罢。古人习惯折柳送行,寓意对方无论到哪里都能像柳枝一样遍地生长,随遇而安。　④趁:伴随。　⑤榆火:用榆树枝燃起的新火。古时四季引火之木有别,到寒食期间断火,清明时再起新火,多用榆树枝。⑥这句词的意思是:小船如箭离弦那样飞快离去,让人惆怅。　⑦迢递:遥远。　⑧这两句词的意思是:慢慢地,离别时的场景在脑海中萦绕不去,仿佛还能感受到伊人离去后渡口的凄凉。津堠(hòu),渡口。　⑨露桥:被露水打湿的桥。　⑩沈:同"沉"。

过秦楼·夜景

　　该词颇具镜头感，上阕先回忆昔日欢会时的快乐场景，随即切换到当前分别，夜深人静，独自感叹伤神；下阕则先借传言，想象对方的相思之苦，再以一番暮春初夏残红满地的凄凉之景，过渡到抒情主人公眼下也为情所困，以至才情大减，哀伤成疾。最后，镜头归于天上的银河与黯淡的星光，思念、期待、梦想与惆怅交织。

　　水浴清蟾①，叶喧凉吹②，巷陌马声初断。闲依露井③，笑扑流萤，惹破画罗轻扇④。人静夜久凭阑，愁不归眠，立残更箭⑤。叹年华一瞬，人今千里，梦沉书远。

　　空见说、鬓怯琼梳，容消金镜，渐懒趁时匀染⑥。梅风地溽，虹雨苔滋，一架舞红都变⑦。谁信无憀，为伊才减江淹，情伤荀倩⑧。但明河⑨影下，还看稀星数点。

---

①清蟾：代指月亮，相传嫦娥奔月化为蟾蜍，所以有这样的代称。　②这句词的意思是：凉风吹拂树叶，宛如吹奏乐器。吹（chuì），乐器。　③露井：没有修建亭子的水井。　④惹破：弄破。这句化用杜牧的《秋夕》中"银烛秋光冷画屏，轻罗小扇扑流萤"两句。　⑤这句词的意思是：一直站到天都快亮了。更（gēng）箭，古代计时工具更漏中标示时间的如箭的浮尺，这里代指更漏。　⑥这三句词的意思是：我只是徒然听别人说起，现在的她（抒情主人公思念的女子）怕用玉梳梳头，铜镜里，总是看到自己渐渐消瘦的脸庞，慢慢地也懒得追求时尚，去涂抹装饰自己了。　⑦这三句词的意思是：黄梅季节的风吹过，地上一片湿漉漉的；初夏时节的雨后，苔藓悄然滋生；整个花架上的红花一夜间都飘零殆尽了。　⑧这三句词的意思是：谁能相信，我日日情无寄托，为了她像江淹那样才情大减，像荀奉倩那样黯然伤神。无憀（liáo），即"无聊"，情感没有依托。江淹，化用"江郎才尽"的典故。荀倩，即荀奉倩，他的妻子曹氏去世，他哀伤过度，不久也去世了，事见《世说新语·惑溺篇》。　⑨明河：即银河。

13. 姜夔

扬州慢

这是白石道人姜夔的代表作。扬州自隋朝开大运河起就以繁华著称，唐代极盛，有所谓"腰缠十万贯，骑鹤下扬州"的说法。但南宋风雨飘摇，使江北成为国境，屡遭战火摧残，昔日风光不再。作者巧妙地将杜牧有关扬州的诗句化入词中，再将当前的萧条景色与之对比，虽然表面上还在追忆风流，却暗示着盛衰之变。因此，它虽不像庾信《哀江南赋》那样宏大，却不失词约旨远，也再一次拓展了词的表现境界。

淳熙丙申至日①，予过维扬②。夜雪初霁，荠麦弥望③。入其城，则四顾萧条，寒水自碧，暮色渐起，戍角④悲吟。予怀怆然，感慨今昔，因自度此曲⑤。千岩老人⑥以为有《黍离》之悲也。

淮左名都，竹西佳处，解鞍少驻初程⑦。过春风十里，尽荠麦青青⑧。自胡马窥江去后，废池乔木，犹厌言兵⑨。渐黄昏，清角吹寒，都在空城。

杜郎俊赏⑩，算而今、重到须惊。纵豆蔻词工，青楼梦好，难

---

①这是宋孝宗淳熙三年（1176）冬至日。　②维扬：扬州别称。　③这两句话的意思是：夜晚下雪，早上雪停，满眼所见都是野生的麦子。荠麦，野生小麦。　④戍角：边防地的鼓角声，南宋时期的扬州已经处于北方边境。　⑤这几句话的意思是：我满怀伤感，感慨扬州如今萧瑟，往日繁华不再，于是自己创制了这一支曲子。　⑥千岩老人：即萧德藻，字东夫，他将自己的侄女嫁给了姜夔。　⑦这三句词的意思是：（扬州是）淮南著名的都市，在其名胜竹西亭，初到此地的我解下马鞍歇息。解，卸下。　⑧这两句词的意思是：走过当年杜牧笔下的"春风十里扬州路"，却发现现在只有一片青青的野麦。　⑨这三句词的意思是：自从战乱结束之后，那些废弃的小池，荒弃的园树，都厌恶再提起这些战争。北方的金军曾于南宋高宗建炎三年（1129）和绍兴三十一年（1161）两次南侵，扬州都受到严重破坏。　⑩俊赏：快意游玩，风流畅游。

赋深情①。二十四桥②仍在，波心荡、冷月无声。念桥边红药③，年年知为谁生。

鹧鸪天·元夕有所梦

虽然情深，但又隐含一种疏离，是日久情深而转醇厚的一种表现。尤其是"人间别久不成悲"，如无刻骨铭心的体会，恐怕不易得。

肥水④东流无尽期。当初不合种相思⑤。梦中未比丹青⑥现，暗里忽惊山鸟啼。

春未绿，鬓先丝。人间别久不成悲。谁教岁岁红莲夜⑦，两处沉吟各自知。

---

①这三句词的意思是：纵然豆蔻年华的歌女唱歌还是那样好，青楼歌榭中依旧如梦般美好，（在如此令人忧虑的局势下杜牧）恐怕也很难再写出那样深情风流的诗篇来了吧。　②二十四桥：扬州名胜，杜牧在《寄扬州韩绰判官》中有"二十四桥明月夜"的名句，它已经成为扬州的象征。但二十四桥到底是二十四座还是一座桥，一直有争议。北宋沈括认为在唐代扬州确实有二十四座桥，到宋代已经不全。　③红药：红芍药，相传二十四桥边有红芍药，故又名红药桥，这是清代《扬州画舫录》的说法，如此说则二十四桥又像是一座桥。　④肥水：源出今安徽省合肥市紫莲山，东流进入巢湖，西流进入淮河。　⑤这句词的意思是：当初不该种下这棵相思树。这句词的另一层含义就是：当初不该两情笃好，以至现在苦苦相思。　⑥丹青：绘画，这里是画像的意思。　⑦红莲夜：即元宵夜。

文史知识

《花间集》及词的传统与正统

　　《花间集》是五代后蜀人赵崇祚所编的一部文人词集，收入了十八位作家的五百首作品。它是晚唐五代词的代表成就，也成为了文人词的渊薮，因此影响力巨大。五代乱世，政权更迭，但是蜀地由于交通闭塞，得到了一定保护，割据政权尽管不思进取，但也保证了地方上的经济繁荣。因而蜀地与富庶的江南地区一样，也成为了文学繁荣的地区之一。早有人指出，《花间集》乃至以此命名的并不准确的"花间派"并不能完全代表五代词的艺术风格与水平，但是它的存在对后世的影响最大，却也是不可回避的事实。北宋之后，在词的创作上首先继承的就是《花间集》。以温庭筠、韦庄作品为代表的以男女欢爱、思妇、离情等主题成为词的主要表现内容，在这一点上南唐的"二主词"也大体如此，只是较之花间派更带有贵族气息而已。人们一直很好奇为什么晚唐及五代词会集中于这些主题，但从敦煌发现的《云谣集》来看，这样的词已经相当成熟，如这首《浣溪沙》：

　　髻绾湘云淡淡妆，早春花向脸边芳。玉腕漫从罗袖出，捧杯觞。

　　纤手令分匀翠柳，素咽歌发绕雕梁。但是五陵争忍得，不疏狂[①]。

　　这样细腻地描摹一位歌妓，简直可以混入《花间集》中。这表明，花间派还有一个更久的传统存在，而且它来源于民间。这再次表明了古典文学中文人创作与民间创作之间一而二、二而一的关系。著名的词曲研究专家龙榆生先生将这种情况归结为"为了迎合市民心理，就得偏重于描摹男女恋慕和伤离念远的情感"，但倘若这能够

---

①张剑：《敦煌曲子词百首译注》，敦煌文艺出版社，1991年，第49页。

解释柳永等地位较低者的作品主题的话，却如何理解诸如李煜、晏殊、欧阳修等人的作品呢？他们并不需要去迎合市民；另一方面，敦煌曲子词中还有这样的作品：

敦煌古往出神将，感得诸蕃遥钦仰。效节望龙庭，麟台早有名。

只恨隔蕃部，情恳难申吐。早晚灭狼蕃，一齐拜圣颜。（《菩萨蛮》）

同是来自民间，也有豪情如斯的风格，这说明文人在创作时对词的功能有所限定，在他们看来，词基本上就用以表达士大夫群体的隐性生活、隐性情感，用后来王世贞的话来说，就是"香而弱"。士大夫由于身负政治、文化使命，多以严肃的形象示人，但作为人，毕竟也有其"软"的一面，这些就构成了词这一体裁的表达空间。因此，我们可以认为，词的传统乃至正统就在这里，就是用以表达男女思恋、离情别绪、春愁思远、琐碎生活等境界狭小却又真实可感的情愫。这一传统中的作者刻意维护着词的小格局，甚至同是时令，伤春远较悲秋要多。

真正继承又更新这一传统的，是主要活动于北宋仁宗时期的柳永。他的年辈要早于欧阳修、苏轼。无论是在词的篇幅上，还是在艺术手法上，乃至词的表达主题与意境方面，都作出了巨大贡献。后世评论总是将柳永置于所谓婉约派的脉络中，并且多引晏殊、苏轼等士大夫对其讥评来贬低其地位；即使这些评论是真实的，也不能否认这些批评者本来也在这个传统中，并且如苏轼等人也深受其影响的事实。本单元选取的几首柳词就可以看到他的作品有二元倾向，一方面依然秉持《花间集》传统，多写男女之情，市井气息比较浓郁；另一方面，则开始拓展词的意境，尝试新的题材，在他最为擅长的写景上一改过去柔媚的特点，而掺入苍凉廓大的境界。龙榆生先生就认为，柳永的某些作品实际上为后来苏轼、辛弃疾一路所谓豪放词提供了启发和资源。因此，柳永是词史上具有举足轻重地位的一家。

我们只有理解了词本是香艳软媚的表达空间，也只有理解了柳永在词史上的枢纽作用，才能够理解以苏轼为典型的豪放派实际处于词的革新派地位的事实。即使在苏轼本人的词作中，豪放词都是少数，所谓"以诗为词"，本身就表明了这一点，即他的尝试其实是在柳永的经验上，进一步将原本诗的内容技巧施加在词的创作上。而《花间集》的传统其实通过秦观、黄庭坚、周邦彦、李清照、姜夔等人一脉相承，从未断绝。

思考与练习

● 积累：

1. 未老莫还乡，＿＿＿＿＿＿＿＿。

2. ＿＿＿＿＿＿＿＿？问花花不语。

3. 人人尽说江南好，＿＿＿＿＿＿＿＿。

4. 风乍起，＿＿＿＿＿＿＿＿。

5. ＿＿＿＿＿＿＿＿，平林新月人归后。

6. 离恨恰如春草，＿＿＿＿＿＿＿＿。

7. 才子词人，＿＿＿＿＿＿＿＿。

8. 两情若是久长时，＿＿＿＿＿＿＿＿。

● 活动：

1. 如果一位北方朋友要来南方旅行，在他到来前，请你模仿《梦江南》的词牌写一首欢迎他到来的作品。写完后，与同学们交流一下，看看大家都写了什么，又各有什么不同的视角与偏重。

2. 选一首词为原型，试着改编一首流行歌曲，感受一下用这种方式来抒发情感。

● 探究：

在很多宋词里，为了加强表达效果，作者会用一些典故，请试着找出几首词里的典故，说说你对作者用典的理解，如果你来填这些词，你认为还可以用什么典故，试试看。

_____

_____

_____